内蒙古科技大学 文库
INNER MONGOLIA UNIVERSITY OF SCIENCE & TECHNOLOGY

Exploration of the Reform and Development Trend of the Traditional Media:
A Case Study of the Self-funded Publication Management of Baotou Daily

传统媒体改革发展趋势探索：以《包头日报》自办发行经营管理为例

郝声云／主编
杜新建 肖 冰 田 喆／副主编

U0913918

经济管理出版社
ECONOMY & MANAGEMENT PUBLISHING HOUSE

图书在版编目（CIP）数据

传统媒体改革发展趋势探索：以《包头日报》自办发行经营管理为例/郝声云主编. —北京：经济管理出版社，2015.6
ISBN 978-7-5096-3739-5

Ⅰ. ①传… Ⅱ. ①郝… Ⅲ. ①报业—体制改革—研究中国 Ⅳ. ①G219.2

中国版本图书馆 CIP 数据核字（2015）第 088771 号

组稿编辑：丁慧敏
责任编辑：张 艳 丁慧敏
责任印制：司东翔
责任校对：车立佳

出版发行：经济管理出版社
（北京市海淀区北蜂窝 8 号中雅大厦 A 座 11 层 100038）
网 址：www. E-mp. com. cn
电 话：(010) 51915602
印 刷：北京易丰印捷科技股份有限公司
经 销：新华书店
开 本：787mm×1092mm/16
印 张：15
字 数：270 千字
版 次：2015 年 6 月第 1 版 2015 年 6 月第 1 次印刷
书 号：ISBN 978-7-5096-3739-5
定 价：48.00 元

序一

我与郝声云同志认识时他还是个“生意人”，后来知道他也曾是名教师，在1993年初乘着“东方风来满眼春”的经济形势毅然停薪留职下海，做起了计算机生意。几年的商海生涯，他尝试了不少行业，有成功也有失败，有欢喜也有悲忧，起起伏伏，总有波澜。那时我们偶尔小聚，经常交流一些营销观念、市场动态和经营管理方面的问题。对于我一个研究工商管理教学的人来说，想通过他的亲身实践和体验增加一些经营管理方面的感性知识；他也想获得一些理论上的指导和开拓经营思路，一来二去，我们也就成了朋友。

郝声云同志的学习兴趣很高，爱好广泛，只是学科不专业，我就建议他有机会出去考察和去高校进修，去看看学学，丰富一下自己的阅历和增加一些经营管理方面的知识，后来，他真的通过市工商联组织报名去中国香港理工大学进修经济管理专业，然后又去清华大学经济管理学院做了短期的学习与培训，并从我这借阅了很多专业书籍，随后专业渐长。2000年前后，单纯的计算机销售工作已不大好做，他的生意也清淡了许多，这时正好赶上包头地区的三所高校合并，他就又回到了学校，并申请去经济管理学院任教，经过考核和试讲，成了我院的一名教师，并开始为我院的企业管理咨询研究中心做企业调研和企业策划工作，同时利用学校的资源又创办了包头市新思维文化传播有限责任公司，他开始给地方的一些企业和事业单位做CIS策划工作，又开始了他的“生意经”。

对于一个长期从事专业教学和学术研究的管理者来说，我一直担心的是，教师在完成很重的教学和科研任务后，是否还有时间和精力去从事专业以外的管理实践和经营工作，毕竟“鱼和熊掌不可兼得”，怎样才能将教学、科研和实践有效结合，既能把教学和科研搞好，又能理论联系实践，在市场上实实在在地“干一把”，并能在经营管理活动中实现盈利？老师又如何既游刃有余地做好学校规定的教学和科研任务，又能把生意做下去，并且做大做强呢？这是我一直担心和思考的问题，担心老师们顾此失彼，最后两头耽误，思考两者能否真的对立统一，协调发展？毕竟我们这个学科的实践性还是很强的，所以，我也想通过郝声云同志的实践和活动去观察、了解，生意就是生意，耗时费力还有很多风险，没有全身心投入的话是很难维持的，既有理论与实践的矛盾，又有时间的冲突，这些现实问题因人而异、因情况而变化、因形势而复杂，却是一个有待我们深入研究和探讨的问题。

2014 年，内蒙古自治区哲学社会科学研究基地为资助呼包银榆经济区研究中心做理论书籍的出版工作，郝声云又找到我，说想把这几年他在包头日报发行公司（包头市新思维传播有限责任公司与包头日报社合作经营）的实践经验总结成书，做理论探讨，把经营实践提升到理论高度，为教学实践做一个参考和教学案例，并通过发行公司的渠道管理和实践，开拓渠道管理的新实践、新思路，为渠道理论研究开发一个新课题。我感到很欣慰，因为他毕竟在教学研究和经营实践中找到了一个属于自己的结合点，希望他的这些工作和努力能给我们的经营管理实践和教学研究带来一定的借鉴，也能为高校教学实践活动带来些许启示。

高校的经济与管理学科毕竟专业性强、理论体系完备、科学严谨，虽然也很强调它的实践性，但毕竟是一个教学科研单位，要继续探索和实践的是如何办好这个专业，如何培养优秀人才，老师怎样才能把学生教好、带好，把教学科研实践都做好，同时又能有效组织老师和学生进行社会实践活动，所以希望通过百花齐放的实践、百家争鸣的探讨，为高校的经济管理专业发展做出一些有益的尝试。

内蒙古科技大学经济与管理学院院长　张璞

2015 年 5 月

序二

包头日报社与包头市新思维传播有限责任公司合作进行自办发行已经快五年了，五年来风风雨雨，一路前行，为包头日报的自办发行事业奋斗着。

包头日报发行公司（以下简称发行公司）是国内唯一一家引入民营资本体制运营的党报党刊发行投递公司，同时也是内蒙古自治区唯一一家取得出版物发行资质的发行公司。公司于2010年8月9日挂牌成立，实行报刊自办发行，承担起了包头日报社所属系列报刊的投递发行工作。经过五年的发展，包头日报发行公司除了保住党报在党政机关的发行阵地外，2013年又把发行重点放在了非公企业、沿街底店和社区居民上，使党报的发行结构更加合理，并且最终实现了报纸的早报早投，同时也使党报全部辐射到了各旗县区及偏远地区，达到了党报覆盖无盲区的宏伟目标。报纸的发行量逐步增长，截至2013年底，《包头日报》订阅发行量3万份，《包头晚报》订阅发行量4.5万份，实现了办报以来的最大订阅量，比自办发行前整整翻了一番，胜利迈出了自办发行的第一步。

2014~2015年为了落实好包头市委、市政府的“文化惠民工程”，我们又将党报覆盖到了市内的部分社区、办事处、居委会及周边地区的党报村以及市内各大窗口单位，如飞机场、火车站、市政府办证大厅、列车软硬卧铺、5路公交车、10路公交车、11路公交车、长途汽车站和一些大型超市及全市29条主要街道、沿街底店及各大医院病房等窗口单位，大大提高了党报的知名度和覆盖率，得到了包头市委领导及市委宣传部领导的高度评价。2013年包头日报发行公司获得了“包头市首批文化产业示范基地”和“内蒙古自治区百家诚信企业”的称号，2014年再次获得了“内蒙古自治区报业融合发展奖”，这种以自办发行改变发行经营管理模式的方法，使党报的覆盖面及知名度得到了进一步提升，并正在探索中寻求发展。伴随着自办发行的发展，包头日报发行公司还进一步拓展经营项目，从单一的报纸发行投递逐步拓展到了轻物流及DM广告、报刊委投、旧报回收、夹页业务，使国有资产在这一经营活动中实现了保值、增值。

近两年来，由于传统纸质媒体的下滑，发行公司顺势而为，及时跳出了仅发行投递报纸的单一经营思路，去寻找更大的发展空间，2013年10月又开始了与中铁快运联手合作，开展了中铁快运在包头地区的普通包裹及小件业务的收寄和发送工作，合作第一年代理配送中铁快运货物7万多件，并且从中找到了无限的发展商机。目前，包头日报发行公司正积极设想与本土电商进行合作，实现网上购物、线下配送业务，并同时开发建立文化物流一体化仓储基地，扩展非报产业等文化物流项目。该项目的建成，对包头日报发行公司来说是团队的重生和平台再造。其实在2014年底，包头日报发行公司就已经借助建立起来的发行渠道优势，将文化产业链进行了延伸和发展，纳入了市场化运作，实践证明转变体制是公司生存和发展的根本。因此发行公司下一步要开发文化物流产业一体化项目，建设仓储基地及配套的多功能报刊售报亭、流动售报车及电商交易平台，构筑起一套完整的文化物流产业销售配送终端，从而打造内蒙古自治区知名的文化企业，扩大经营规模；同时发行公司也设想利用三年的时间逐渐打破单一报刊发行、投递业务，向物流仓储配送、书报销售终端展示及网络电商交易配送等现代物流服务业转型，实现自办发行的彻底变革。

经过几年的发展，发行公司的“发行人”不但积累了大量实践经验，还将这些实践提升到了理论的高度，总结出书，我觉得是件好事，它不仅是对自己经营活动和实践创新的一次总结提升和理论概括，而且也可以给报业同行提供一些有益的参考和借鉴，为我们报业下一步的发展提供积极的思考。

此书出版之际，发行公司总经理郝声云同志让我作序，我很高兴地写下这些，是为序。

包头日报社社长 李孝

2015年5月

目 录

第一篇 体制创新，激发经营活力

第二篇 管理务实，推动科学发展

第三篇 多种经营，延伸文化产业链

第四篇 应对新形势，经营管理与时俱进

附录1 包头日报发行公司岗位职责制度汇编

附录 2 《包头日报发行公司员工手册》

附录 3 《包头日报发行公司综合办公室岗位职责》

PART ONE 第一篇

体制创新，激发经营活力

党报党刊的发行体制改革是文化体制改革的重要内容。随着报刊市场的变化，包头日报社原有的党报发行体制已远远不能适应时代：一是发行数量逐年下降，使党报陷入“写谁谁看”、“谁写谁看”的尴尬境地；二是投递质量差，普遍存在发行投递时间长、覆盖率低、投诉率高的问题，难以实现有效发行；三是未和市场接轨，党报进不了零售市场，实际阻断了党报和普通百姓的联系……

改革党报的发行体制已迫在眉睫！

第一章　引入民营资本，形成以公有制为主体共同发展的文化产业格局

第一节　传统报刊发行体制的优与劣

传统的报刊发行体制通常有两种，即“邮发合一”与“邮发与自办发行并行”，截至2012年，就发行报刊种类来讲，它们占据了整个报刊发行市场的近九成，另外一成则由专业的投递公司和发行公司占有。

一、“邮发合一”模式

所谓“邮发合一”，是指报社将其报纸发行业务全部交由邮局办理的一种委办型报纸发行体制。由于邮局将其主业（投递包裹信函）和代发报刊合为一体，故称为“邮发合一”。它的基本特点是“一分开、四捆起”，即“让邮局承担报纸的发行工作，使报纸的生产（编印）和流通（发行）截然分开；把送信与送报捆在一起，把多家报纸捆在一起，把报纸的征订、发运和投递捆在一起，把批发和零售捆在一起”①。

“邮发合一”模式的优点明显，报社可以不必劳心发行工作，利用邮局遍布城乡的庞大网络体系基本可以实现报纸的覆盖无盲区，节省了资源。但缺点也是显而易见的。其一，邮局工作人员的上班时间和其他普通企事业单位基本一致，甚至更晚，而一些上班族都有读早报的习惯，上班时间又不能随意看报，这种冲突造成了送报与读报在时间上的脱节。其二，发行的近乎垄断使得“邮老大”缺乏危机意识。被动发行、缺乏服务意识、发行时效性差等问题频出。其三，邮局的主业是收发邮件与投递包裹，代发报刊则是副业，“先主后副”的经营模式使得报刊发行被边缘化。其四，邮局代

① 周茂君. 我国报刊发行体制改革的构想［J］. 现代传播，2012（12）.

发回款周期长，发行费用高。

二、“邮发与自办发行并行”模式

自1985年《洛阳日报》率先自办发行以来，以全国各省会城市为主体的强势报刊纷纷跟进，尝试自办发行，引发了全国性的自办发行潮。根据统计，截至2011年底，全国自办发行的报社有800多家，其中近1/3的报社发行部门注册了独立的法人公司。而其他弱势报刊、外埠报刊以及绝大部分报刊在中小城市和偏远地区仍然采用邮政发行，形成了“邮发与自办发行并行”的模式。

自办发行使发行变被动为主动，极大地提高了发行的时效性，加之发行投递人员良好的服务意识，自办发行的优势很快凸显出来。同时，它也相应地提高了发行和管理成本。发行队伍人员成本以及发行渠道的维护成本使得很多报社难以为继，有成功便有失败。包头日报社发行部从1988年开始自办发行，由于发行部没有相对独立的地位，体制机制的不灵活导致“干部能上不能下，员工能进不能出，收入能高不能低”的状况，人浮于事，员工老化，“大锅饭”现象严重，成本逐年增加，而且效率低下，2000年包头日报社发行部退出自办发行。

尽管如此，这种“邮发与自办发行并行”模式以及自办发行带来的竞争压力还是使邮政体系引发了变革。“自办发行”抢走了先前“邮发合一”模式下发行带来的相当大比例的“蛋糕”，邮政体系开始“政企分开”，进行体制改革，提高服务水平，加入了发行竞争领域。

第二节　体制创新，再塑“新”文化主体

为了改变“干部能上不能下，员工能进不能出”的状况，包头日报社决定从体制创新入手，重塑党报党刊的文化主体形象。同时，体制创新后的“新”文化主体既要贴近实际，贴近生活，贴近群众，又要面向市场，有市场竞争力，有经营活力，这样，才能实现报社的可持续发展。按照党中央、国务院、自治区以及包头市深化文化体制改革的文件精神，适应瞬息万变的发行市场，包头日报社决定设立公司体制，负责党报发行。同时，公司总经理负责发行公司人员任免等一切事务。

一、创新体制是贯彻文化体制改革精神的需要

早在 2005 年，《中共中央、国务院关于深化文化体制改革的若干意见》第十七条便规定，“新闻媒体要优化组织结构，整合内部资源，转变经营方式。要坚持党管媒体，坚持党管干部，坚持正确的舆论导向，始终确保党和人民‘喉舌’的性质。新闻媒体中的广告、印刷、发行、传输网络部分，以及影视剧等节目制作与销售部门，可从事业体制中剥离出来，转制为企业，进行市场运作为主业服务”；第二十条规定，“重塑文化市场主体。按照现代企业制度的要求，加快推进国有文化企业的公司制改造，完善法人治理结构”；第二十五条则规定，“坚持以公有制为主体鼓励和支持非公有资本以多种形式进入政策许可的文化产业领域，逐步形成以公有制为主体、多种所有制共同发展的文化产业格局”。

随后，2009 年，内蒙古自治区人民政府在《关于文化体制改革中经营性文化事业单位转制为企业的若干政策意见》中就经营性文化事业单位转制为企业过程中的国有文化资产管理、资产和土地处置、收入分配、社会保障、人员分流安置等做了重要指示，并对事业单位转企后在财政税收方面提出了各项优惠政策。

包头市人民政府也在 2009 年的《关于加快文化产业发展的若干政策意见》中就市场准入、资金支持、土地使用和行政管理等方面做出重要批示，还专门就党报、党刊等重要新闻媒体经营性部分剥离转制对企业提出，在确保国家绝对控股的条件下允许吸收社会资金，并作出政策指示。

因此，创新体制是贯彻落实文化体制改革精神的需要。

二、创新体制是顺应发行市场变化的迫切要求

21 世纪是数字化的时代，报刊发行市场同样经历着数字化变革。借助于智能手机，网络媒体如虎添翼，人们能更加方便地利用手机终端了解新闻时事。中国互联网信息中心（CNNIC）2014 年 1 月 16 日所发布的《第 33 次中国互联网络发展状况统计报告》显示，截至 2013 年 12 月底，我国的网民数量达到了 6.18 亿人，同时人数的增长也逐渐趋于平缓；其中手机网民规模达到了 5 亿人。这 5 亿网民形成了一个巨大的市场，特别是在一些经济发达的城市，网民的存在使得报纸的读者大幅分流，也就直接影响到报纸的广告收益。

随着包头市经济的发展，社会第三方发行力量也开始崛起。户外传媒、各种文化传媒公司如雨后春笋般兴起，更是让报刊发行单位感受到寒冬已然到来，党报发行更是如此。作为中共包头市委机关报的《包头日报》，发行数量从最多时的 5 万份下降到

2 万多份，使党报陷入“写谁谁看”、“谁写谁看”的尴尬境地。

另外，加入世界贸易组织以后，自 2003 年起，我国出版物发行市场逐步向外资和民营企业开放。按照中国加入世界贸易组织协议，新闻出版领域唯一开放的就是发行渠道，有步骤地从零售到批发逐步开放，外资不仅可以参股，甚至可以控股，给外部资本进入我国传统媒体打开了通道。这更加剧了报刊发行市场的竞争，发行体制创新迫在眉睫。

三、创新体制的可行性

穷则思变。为了使《包头日报》这份具有 80 多年历史的报纸重新活跃起来，2010 年 7 月，包头日报社总编辑李孝同志大胆构想引入民营资本，实行自办发行，并由其亲自带队，前往太原、北京以及国内几家省级报社进行了自办发行体制改革情况调研，对包头日报社实行报刊自办发行重新进行了有效论证。论证结果经由包头市文化体制改革领导小组、内蒙古新闻出版局核准审批，并在包头市委宣传部的大力支持下，包头日报社创办了国内唯一一家引入民营资本体制运营的党报党刊，于 2010 年 8 月成立了以民营企业家郝声云同志为总经理的包头日报发行有限责任公司（以下简称包头日报发行公司）。

自办发行经过近三年的运转，实现了“早报早投”并且扩大了发行量，同时使党报辐射到了包头市辖区、所管辖旗县及偏远地区，达到了“覆盖无盲区”的目标。这样，一条以发行改革促进文化体制改革深入发展的渠道，带动文化产业链延伸之路在探索中发展起来。包头日报社发行体制创新的可行性得到了实际论证。

第二章　自办发行，以转变体制为先，顺应了文化体制的改革与发展

第一节　民营资本参股下的发行公司

一、报刊发行产业化的体制要求

既然传统邮发体制存在诸多弊端，在报社原有体制下自办发行（包括报社独资组建发行公司和独资组建发行部）又步履维艰，包头日报社顺应文化体制的改革与发展，改制转企，将报社的自办发行部门从报社剥离出来，成立独立的发行公司，仍由包头日报社控股，民营资本参股，引入公司制组织架构和现代管理制度，公司的日常管理事务由总经理全权负责，从而摆脱了报社原有体制的束缚。民营资本参股的目的在于激发经营活力，这也是包头日报社顺应时代发展、适应报刊发行产业化的体制要求。

2001年，中国人民大学传媒管理研究所所长宋建武，在《试论我国报纸发行的产业化趋势》一文中解释什么是"报刊发行产业化"时指出，所谓报刊发行产业化，是指报业依托报纸发行所建立的发行网络，在经营范围上的综合化，在服务对象上的社会化，在投资来源上的多元化，以及以之为基础的组织形式和经济运作方式的相对独立化①。我国报业发行目前已经在经营范围上的综合化、服务对象上的社会化、投资来源上的多元化等方面展现出产业化趋势。

二、报刊发行产业化案例

目前，我国多家省市级报社基本都已实现发行产业化。天津日报报业集团早在

① 章玉兴. 报刊发行学［M］. 兰州：甘肃科学技术出版社，2006.

2001 年即联合天津金耀集团、天津天士力集团、上海复星信息产业发展有限责任公司共同组建了天津每日新传媒发展有限公司。公司利用其自身拥有的 150 多万名长期稳定的读者群、4000 多人的发行投递队伍这一优势资源，跳出发行搞配送，跳出送报搞服务，利用遍布全市的发行网络为广大市民提供报纸杂志、系列饮水、粮食、蔬菜、节日礼品等多种生活延伸服务[①]；北京小红帽发行股份有限公司在报纸期刊发行的主业外，也开展了物流配送业务——配送高端的健康产品（如航空水果）、配送特色产品（如阳澄湖大闸蟹、重庆辣酱）等，2005 年 7 月还成立了直投业务部，尝试直投业务；杭州杭报集团为打造杭州最强轻物流企业，还专门成立了“每日送”公司，与当当网签署了同城配送项目合作协议，2012 年，“每日送”公司仅在当当网这一配送项目上就实现净利 45 万元，为投递员增加收入 280 万元，同城配送业务还延伸到了 DM 邮购、电视购物、电话购物等多媒体购物及相应服务。

发行产业化离不开民营企业参股，这是由产业化发展的资金需求量大、市场竞争激烈等特点决定的。产业化潮流浩浩荡荡，顺之则昌，逆之则亡。包头日报发行公司自然也应走引入民营资本的产业化发展之路。

三、包头日报发行公司股权结构及组织架构

2010 年 8 月 9 日，包头日报发行有限责任公司在包头市委会议厅召开成立大会，原市委宣传部部长红洁出席致辞，并亲自揭牌。公司是经内蒙古新闻出版局核准审批、内蒙古自治区唯一一家取得出版物资质的公司。按照文化体制改革的要求，包头日报社出资 51%，包头新思维文化传播有限公司出资 49%。包头日报社负责人担任董事长，委派主管会计，包头新思维文化传播有限公司负责人任总经理。经过调整，截至 2013 年，公司的组织架构如图 2-1 所示。

① 樊国安. 党报发行走出产业化发展新路 [N]. 中国新闻出版报，2012-8-23.

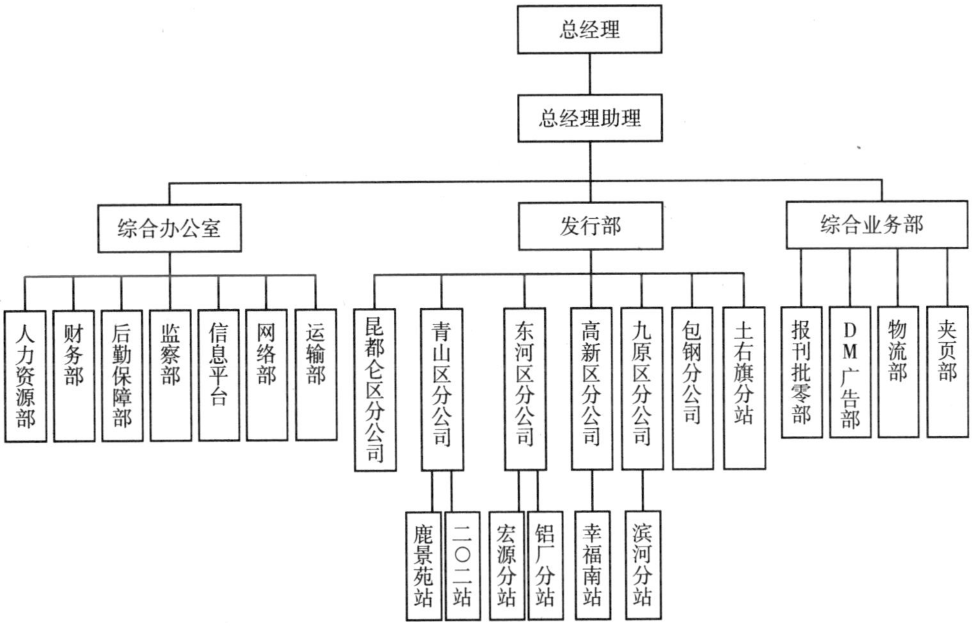

图 2-1　包头日报发行公司组织结构

第二节　规模化运营与有效发行

一、规模化运营

包头日报社发行部门改制转企，民营资本参股，实行自办发行以后，如何衡量改制的效果呢？报刊发行数量规模成为首要的衡量标准。

已经拥有一定发行规模并获得代理发行权的企业可以充分利用其已形成的广泛发行网络，代理发行其他报刊，确保其发行基数。发行基数的扩大有利于提高报纸在某一区域的影响力，甚至向其他区域扩散，形成跨区域的辐射能力。区域辐射力的增强不仅提高了报纸的知名度，还使发行企业有了坚实的业务支撑，增加了收入来源，从而使发行企业有余力注重报刊的内容和质量。这进一步导致企业重视报刊的投递质量和客户的反馈，形成一整套售后服务体系和客户反馈机制，取得客户的信任有利于发行规模的扩大。因此，规模化运营不仅是发行企业竞争力的表现，更使企业步入良性循环的轨道，如图 2-2 所示。

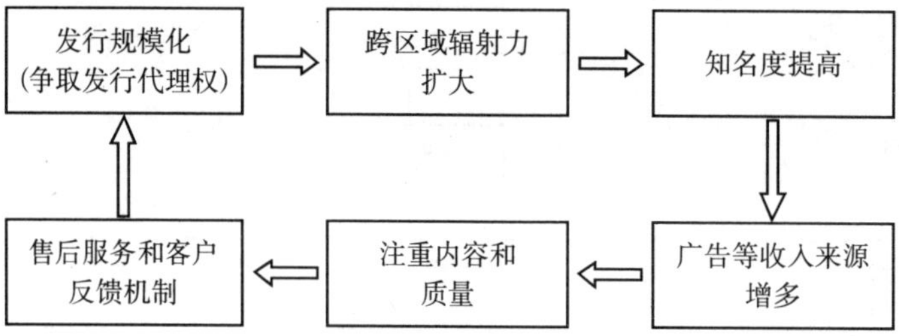

图 2-2 规模化运营良性循环

二、包头日报发行公司发行拓展案例

为从发行数量和发行范围上拓展发行规模，2010 年 8 月 9 日至 9 月 10 日，包头日报发行公司在社会上公开招聘发行精英、投递人员以及公司各部门人员，迅速形成了初具规模的 200 人的发行队伍，组建了综合办公室、市场部和发行部，发行部又下设了四大分公司和六个发行分站。为提高人员队伍素质，实现发行专业化，公司组织了人员培训、社会宣传、铺垫市场、培养专业人员、开展首届业务知识竞赛和第二届员工技能大赛等。到 2011 年，公司仅用了半年时间，包头日报、包头晚报两报的发行数量从组建公司前的不足 5 万份迅速突破了 6 万份。

截至 2013 年年末，公司已经具备了一定的发行规模和辐射范围，并配备了与发行快递相适应的车辆和其他设施设备。公司现有员工 300 余人，投递车辆 20 余辆，投递专用摩托车、电动车共 130 辆，投递电动三轮车 15 辆。公司下设综合办公室、综合业务部、发行部。发行部又下设七个分公司：昆都仑区分公司（简称昆区分公司）、青山区分公司、高新区分公司、东河区分公司、九原区分公司、包钢分公司、土右旗分站，包头市其他旗区县均由当地宣传部门设站负责发行投递工作，在业务上受发行公司指导，发行公司的发行渠道辐射范围已基本覆盖了包头全区。

三、有效发行

（一）有效发行的背景

20 世纪 80 年代初，美国学者威廉·布莱肯博格（William B.Blackenburg）发现了报业存在的奇怪现象：一些报刊在有意控制和减少在一些地区的发行，如在犯罪率较高的地区，报刊常常丢失，重新补送会增加较高成本，于是减少甚至不再接受这些地区的订户，这种做法并没有减少广告收入。由此，布莱肯博格提出了“控制发行”（Controlled Dirculation）的概念，这应该是有关“有效发行”的最早援引。

作为一种信息、舆论宣传的载体，报纸的发行量越大，信息传播和舆论宣传的范围越广，所发挥的社会效益就越明显，吸引的广告收入也就越多。但随着大众化的都市类报纸竞争的日益加剧，这类报纸多采用低价亏损发行，扩大发行量，用增加的广告收入来弥补迅速扩大的发行成本所导致的发行亏损。但如果能够将报刊的发行量控制在一定范围，而不使广告收入减少，不是可以减少亏损进而增加盈利吗？循着这一思路，20 世纪 90 年代，有效发行或控制发行法在国际开始流行并很快被我国报刊界引入[①]。

（二）有效发行的定义

有效发行的定义在业内众说纷纭，小红帽发行股份有限公司董事长兼总经理刘涵在其《渠道为王》一书中这样解释："所谓有效发行，实质上是指报纸的发行量能够带来一定的影响力和市场价值的部分，是通过对目标市场满足来实现的影响力，在影响力基础上谈广告收益，它具体表现在该部分发行是否有利于报纸品牌和影响力的提升，进而能够给报纸带来更多的经济收益，其评价的尺度和标准是报纸影响和控制社会注意力资源的能力的大小。"[②]

我们可以从以下几个方面来解读。首先，报纸的发行量并不完全等同于市场效益，增加的一部分发行成本超过了发行带来的收益，有效发行应该是发行收益超过发行成本的那部分发行量。其次，发行应该区分目标市场，针对不同的目标受众提出提升报纸品牌和影响力的不同策略。最后，有效发行的衡量标准是报纸在多大程度上影响和控制社会注意力资源。

（三）实现有效发行的途径

通过对有效发行的剖析，我们知道，有效发行量实际上是发行企业综合对比发行成本和发行的经济收益与影响力效益得出的结果。这样便可以为有效发行寻求经济学的理论支撑，得到式（2-1）：

$$\pi(Q) = TR(Q) + TE(Q) - TC(Q) \tag{2-1}$$

这里假定 π、TR、TE、TC 均为发行量 Q 的函数，则在式（2-1）中，Q 代表报纸发行量；π（Q）代表企业利润；TR（Q）代表企业的经济收益；TE（Q）代表发行量带来的影响力效益，即品牌价值，用未来 5 年预期收益的净现值来衡量；TC（Q）代表企业的发行成本。

根据数学中求极大值的做法，企业利润最大化时满足一阶求导数条件，有：

---

① 章玉兴. 报刊发行学［M］. 兰州：甘肃科学技术出版社，2006.

② 刘涵. 渠道为王——报纸发行产业化的思考与探索［M］. 北京：新华出版社，2007.

$$\frac{d\pi(Q)}{dQ}=\frac{dTR(Q)}{dQ}+\frac{dTR(Q)}{dQ}-\frac{dTR(Q)}{dQ}=0 \tag{2-2}$$

由此得到 MR（Q）+ME（Q）=MC（Q），也就是边际收益与边际影响效益的和等于边际成本。即每增发一份报纸带来的收益与影响效益之和应该等于每增发一份报纸导致的成本增加。

π、TR、TE、TC 均可以通过发行企业历年的统计数据得到，因而具有可行性。有效发行量指再增发一份报纸带来的收益与影响效益之和大于增发这份报纸导致的成本增加时的发行量。从这个意义上讲，有效发行量应该是一个范围，当前两者之和小于后者时，企业就应该考虑减少发行量了。

第三节　包头日报发行公司自办发行的 SWOT 分析

全国报业自办发行失败的例子数不胜数，究其原因，各自办发行机构在自办发行前并未对企业内部和外部的环境进行认真分析，并根据分析结果制定适宜本企业的发展战略。为此，包头日报发行公司有必要对内外部环境作恰当分析。

一、战略 SWOT 分析法概述

SWOT 分析法是一种战略分析方法，又常被叫作斯沃特分析法或者态势分析法，这种方法最早由 1971 年哈佛商学院的安德鲁斯教授在其所著的《公司战略概念》一书中首次提出。这种方法的特点在于能够比较全面和客观地分析企业的内外部环境，找出企业所面临的优势、劣势、机会、威胁，因此广受好评，并广泛应用于企业战略管理领域。

SWOT 分析法中的 S 指的是 Strengths（优势），W 指的是 Weakness（劣势），O 指的是 Opportunities（机会），T 指的是 Threats（威胁）。对于一个在市场中寻求生存和发展的企业，需要对企业所处的环境做出正确的分析，对于环境的分析可以分为内部环境分析和外部环境分析，其中内部环境分析的目的在于找出企业的内部优势和内部劣势，而外部环境分析的目的在于找出企业所面临的外部机会和外部威胁。综合企业的优势、劣势、机会、威胁，就能够应用 SWOT 分析法，得到企业的战略选择。图 2-3 是战略选择矩阵。

SWOT 分析法具有操作简便、分析直观、重点突出、目标具体的特点，能够准确分

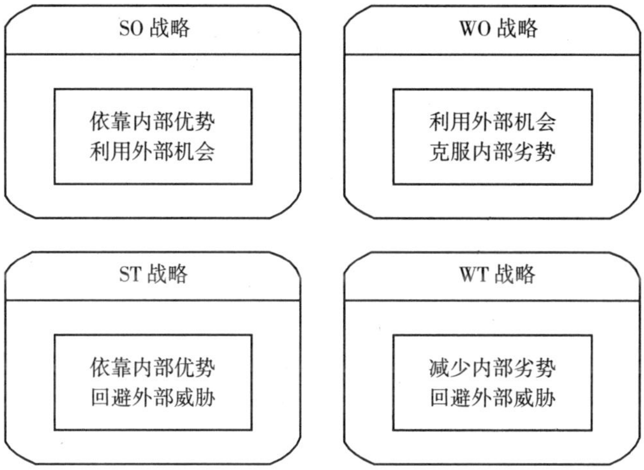

图 2-3　战略选择矩阵

析出企业的潜在战略选择，因此很快被企业管理学者和企业管理人员所接受，并应用于具体的企业战略分析过程。

二、包头日报发行公司的 SWOT 分析

（一）内部优势

包头日报发行公司的优势至少包括以下几个方面：

（1）发行网络覆盖全面。公司近 200 名投递人员负责《包头日报》、《包头晚报》、《家庭周报》、《新包报》每日的投递工作。七大分公司及所属分站基本覆盖了包头市全区，使得发行网络呈现出一定规模，《包头日报》、《包头晚报》现已成为纸质媒介在包头地区的主导，其中 《包头日报》已经实现了城乡全覆盖。公司于 2011 年 6 月正式开办了轻物流配送揽收业务，使市五区及外五旗县区的货物递送更加快捷。公司还与全国有实力的快递公司（包括中铁快运）强强联合，搭建起了包头与全国各地的轻物流快递业务，使得公司发行网络覆盖范围更广。

（2）注重服务质量的提高，对客户投诉的处理及时有效。发行工作中的投诉问题是诸多矛盾中的主要矛盾。包头日报发行公司制定了“零投诉”重奖重罚、落实到人、责任到人的阶段性制度，加强对发行系统的规范管理，并更新了发行软件系统，每笔订单都录入系统，并及时核对有问题的订单，通过网络部与财务部核对原始订单，从根本上消除了不翔实的数据。同时，信息平台的电话从接听功能转为定期回访。为了解自办发行以来报刊的实际投递情况，公司还在 2011 年 7 月向市五区发放 《征询用户意见函》2000 份，通过回函，发现用户普遍反映投递工作做到了早报早投，而且投递员服务态度和服务质量有明显提高。

（3）注重对员工的培训。“争取让每一名投递人员同时又是一名优秀的推销员”是包头日报发行公司一直以来孜孜以求的，为此，公司不惜重金给每一位员工做好相关岗位工作的培训和有关技能的拓展，体现了以人为本的理念。公司深知，对员工的培训是一项长期的投入，同时也会带来长期的溢价回报。

（4）鲜明的企业文化特色。公司作为地区党报《包头日报》的发行公司，具有鲜明的“亲党”特色。发行公司成立后不久，2011 年 4 月，包头日报发行公司党支部即告成立。两年内发展了正式党员 2 名，预备党员 2 名，壮大了党员力量。还组织党员、入党积极分子前往革命圣地延安、西柏坡开展新党员入党宣誓，老党员重温入党誓词等活动。除了定期举行技能大赛、业务知识竞赛以及各种个人和集体表彰活动外，公司还广泛动员全体员工并联合其他公益性单位开展公益性事业，如资助贫困大学生活动、重阳敬老免费乘坐出租车活动、爱心棉衣捐助活动、行动援灾区活动等，通过这些集体活动，增强了企业的凝聚力，有效激发了企业的活力。

（5）管理制度完善。公司已经建立起了完善的管理制度，并制定了一系列规章制度，包括综合办公室岗位职责制度、发行部岗位职责制度、员工手册等，为约束和激励员工行为提供指导。公司实行全员聘用制，运用民营企业管理模式，摆脱了旧体制下管理模式陈旧、运行效率低下、发行不到位、效益不佳的落后局面，每位员工都竞争上岗，提高了公司的运营效率。

（二）内部劣势

包头日报发行公司也存在内部劣势，主要表现在以下几个方面：

（1）高层次人才的匮乏。现代公司的竞争是核心竞争力的比拼，而核心竞争力离不开高层次人才，包括管理人才、营销人才和技术人才等。虽然学历并不一定代表能力，但公司人员的学历组成可以在一定程度上反映公司的实力。表 2-1 为公司人员学历结构。

表 2-1　包头日报发行公司人员学历结构分析

学历层次	人数（人）	占人员总数的比例（%）
专科以下	83	35.2
专科	102	43.2
本科	48	20.3
硕士	3	1.3
合计	236	100

由表 2-1 可见，公司员工学历主要集中于专科以及专科以下，高层次的人才较为缺乏，这对公司今后的发展会有一定的制约。

（2）投递人员素质参差不齐。发行公司招聘的投递人员中相当一部分为下岗失业人员，学历普遍不高，人员的学习能力、人格素养、身体素质等跨度较大。在发行公司成立初期，由于投递人员上述素质的差异使发行工作遇到很多困难，如大量用户地址没有及时转交、投递数据不详、投递员病倒等情况频繁出现，这导致了大量的用户投诉，给公司带来较大的负面影响。

（3）服务地域范围较小。包头日报发行公司服务的地域范围虽然基本覆盖了整个包头市，但也只局限于包头地区，服务地域范围较小。服务的人数有限，订户数量就有限，服务的地域范围决定了利润的范围。包头全市常住人口不过 300 万人，包头日报发行公司服务的人口最多也就 300 万人，但在每个企业都力图提高自己产品市场占有率的今天，这个数字还远远不够。

（三）外部机会

（1）政府政策的大力支持。发行公司是在国家关于深化文化体制改革、促进文化产业大繁荣大发展的政策下应运而生的，是包头日报社认真贯彻党中央、自治区政府和包头市委的文件精神的结果，也是包头日报社发行工作所面临的严峻形势和社会发行环境的严酷性所决定的，因此得到了包头市委宣传部、包头日报社领导的大力支持，这是包头日报发行公司面临的外部机会。例如，在包头日报发行公司成立的前几年，有关税务问题、工商问题、交通运输问题以及交通工具和信报箱问题，都得到了市委宣传部和报社领导的帮助，还得到了一些政策上的支持和倾斜。

（2）文化传媒产业发展带来的机遇。全国性自办发行的浪潮使得包头日报社再也不能故步自封，必须顺势而为。市场经济在我国的成功发展使得民营小规模企业逐渐壮大，急需寻找能为它们拓展营销范围并扩充营销渠道的社会化发行公司为其代理业务，使得我国文化传媒产业迅速发展，商机不断，即便是纸质传媒也大有可为，这也是包头日报社发行公司面临的外部机遇。

（3）西部产业的振兴。我国西部大开发战略已经进入第二个十年，“十二五”规划要在西部地区培育新的经济增长极，这是西部产业大发展的契机。文化产业要作为国民经济的支柱产业，西部地区就要大力发展文化产业，鼓励文化产业改革，增强文化产业整体实力和竞争力，促进西部地区文化产业振兴。国家鼓励和支持非公有制经济以多种形式进入文化产业领域，逐步形成以公有制为主体、多种所有制共同发展的产业格局，这成为包头日报发行公司成立的外部机会。

（4）网络技术与多媒体的发展。互联网与通信技术的发展使得移动互联网成为可能，各种手机客户端如雨后春笋般地出现见证着移动互联网的成功。网络技术的发展是报业成长的机遇。报纸可以借助网络所承载的信息量大、传播速度快的优点迅速扩大读者数量。多媒体的发展使得数字化报刊更加能够吸引读者的眼球，达到更好的营销效果。

（四）外部威胁

（1）以网络媒体为代表的新媒体对征订量带来的冲击。新媒体，是指新的技术支撑体系下出现的媒体形态，主要有数字杂志、数字报纸、数字广播、手机短信、移动电视、网络、桌面视窗、数字电视、数字电影、触摸媒体如微博微信等。相对于报刊、户外、广播、电视四大传统意义上的媒体，新媒体被形象地称为"第五媒体"。网络媒体是新媒体中的佼佼者，它相对于纸质媒体的优点在于时效性更强、方便获取、传播面更广。特别是3G网络以及3G手机、平板电脑等便携性信息载体的出现，使得人们可以随时获取所需要的信息，相比之下，纸质媒体并不是可以随时获取的，这给报纸的征订量带来较大冲击。

（2）消费者对纸质媒体的内容需求多样化。近年来，消费者对于纸质媒体特别是报纸的内容需求出现多样化，人们买报的目的不再单是浏览公式化的党内新闻，而是要获取有关经济、市场、社会方面的更多信息，例如，产品市场和劳动力市场的供求信息以及其他商业信息、体育赛事、娱乐新闻等，这对报社的信息采编人员提出了更高的要求，因为与消费者的需求相匹配是纸质媒体乃至其他媒体得以生存的最基本的条件。这要求包头日报发行公司要不断扩充自身的实力，倾听读者的声音，适应瞬息万变的需求环境。

（3）自然因素造成的派送时间延误。发行公司投递人员的工作尤其是对各旗县偏远地区的投递工作是十分辛苦的，无论是炎炎烈日，狂风暴雨，还是大雪纷飞，投递工作人员都必须任劳任怨，认真负责，做到准确无误，因为这关乎发行公司和报社在读者心目中的形象，关乎公司的声誉。然而，遇到恶劣的天气环境或交通阻塞，投递延误是在所难免的，也不乏读者的抱怨，甚至会有读者因为不满意服务而退订。自然因素造成的派送延误是发行公司所面临的固有的外在威胁。

（4）行业竞争激烈。除了包头日报发行公司承担发行的《包头日报》、《包头晚报》、《家庭周报》和《新包报》以外，公司在包头地区主要的纸质媒体竞争者还有都市《包头广播电视报》，包钢集团公司内部报纸——《包钢日报》、《包钢日报生活周刊》，还有自治区区内的报纸——《内蒙古日报》、《北方新报》、《内蒙古晨报》、《北方家庭报》，另外还有一些外埠报纸，行业内竞争者数量多，而且有些竞争者实力雄厚，这是包头日报发行公司面临的又一外部威胁。

（五）包头日报发行公司的SWOT矩阵

基于对以上内部优势、劣势，外部机会、威胁的分析，现构建包头日报发行公司的 SWOT 矩阵及相应策略如表 2-2 所示。

表 2-2　包头日报发行公司的 SWOT 矩阵分析

	优势（S）	劣势（W）
机会（O）	SO 战略——开拓型战略	WO 战略——争取型战略
	充分发挥公司在报刊发行网络方面的优势，深化并延伸投递业务，扩张新报刊的投递代理业务范围；抓住行业专业类报纸稳定增长的机会，引入发行利润较高的产品；在报刊运输环节引入物流业务	引进高层次人才，合理规划市场；充分利用政府政策，进一步改革，激发组织内部的竞争活力；增加对投递人员的技能培养和文化培训，提升组织效率；提高产品研发、产品营销方面的能力，扩大营销地域范围
威胁（T）	ST 战略——保守型战略	WT 战略——抗争型战略
	从长远打算，维护好发行公司的良好品牌，从细微处入手，想尽办法留住老订户、挖掘新订户；在运输环节寻求办法减轻自然因素对投递效果的影响；要充分发挥自己的长处，突出企业特色	进行市场细分，实行差异化战略；放弃利润率较低且耗时耗力的业务；实行内部组织变革；认清公司的市场地位，保持与竞争对手的距离，挖掘并进入顾客潜在需求空间，避开竞争

基于初创公司共同具有的开拓性精神和领导者特质，包头日报发行公司应该选择 SO 战略，即开拓型战略：充分发挥公司在报刊发行网络方面的优势，深化并延伸投递业务，扩张新报刊的投递代理业务范围；抓住行业专业类报纸稳定增长的机会，引入发行利润较高的产品；在报刊运输环节引入物流业务，并积极开展与其他有实力物流公司的合作。同时，包头日报发行公司还要善于捕捉市场机会，充分发挥“干中学”的能力，积累经验和实力，壮大企业。

第三章　创新发行渠道，发行市场化运作初见成效

第一节　从渠道设计看发行渠道创新

一、报刊发行渠道的类型

报刊发行渠道分为直接渠道和间接渠道。

（一）直接渠道

即由报社将报刊直接送达订户手中。直接渠道销售省去了中间商即代理发行商的费用，却增加了人力、时间等成本。直接渠道包括邮寄售报、电话售报、网络售报、售报机自助售报和上门推销等。

邮寄售报历史最为悠久，它是指订户将订阅费邮寄至报社，报社再将客户订阅的报纸邮寄回客户。古代的官报、邸报都是通过信差的渠道发行的，我国直到近代甚至新中国成立前一段时间里都采用这种方式发行报纸。邮寄售报的优点是省去很多开发客户的成本，是订户主动买报的一种典型形式。缺点是更适合零星的散户订户，而且邮寄需要时间，报刊在途耗费的时间可能使报纸上的信息失去时效性。

电话售报是采用电话营销的形式，客服人员通过收集潜在订户的电话信息，分时段进行电话推销。这是一种一对一的推销方式，顾客意向达成后可以通过电话预订。电话售报的优点是通过与潜在客户一对一的交流，可以及时了解客户对于报纸的需求信息以及订户的市场结构，包括订户的区域分布、年龄结构、收入状况等，便于进一步开拓市场。缺点是电话费成本较高，而且可能会由于被访问客户较忙，敷衍了事，造成对订户跟踪信息的判断失误，可能造成对市场的误判。

网络售报是伴随互联网的发展以及以网络为媒介的电子商务的兴起而产生的，报

纸的数字化是网络售报的前提。报社通过建立自己的电子商务网站，并在网站上实时更新数字化报刊信息，加之安全的网上交易系统，方便完成售报交易。另外，报社也可以利用其他网民关注度较高的网站，通过百度推广等形式输出网络广告，增添销售渠道。网络售报的优点在于：

（1）网民数量优势。据中国互联网络信息中心统计，截至 2013 年 12 月，中国网民数量已经达到 6.18 亿人，这对任何依靠电子商务营销的企业来说都是极大的利好消息。

（2）成本低廉。网络售报的成本包括初期建立网站投入的成本和网站后期的维护成本，相对于依靠代理商和经销商的成本而言，网络售报的成本大大降低。

（3）发行和客户回馈便捷。网络售报可以实现全天 24 小时售报，而且客户只需浏览网页和点击鼠标即可实现订阅，同时可以通过客户留言的方式反馈读者的阅读体会、其他意见和建议，方便快捷。

（4）方便进行客户统计。现代互联网站的设计可以增添计数功能和访客留痕处理，方便了报社的客户统计。网络售报的缺点在于受限于报刊网站和报刊本身的知名度低，访客较少，从而订户较少。另外，一些不熟悉网络支付系统的中老年读者可能会被拒之门外。

售报机自助售报在国外较常见，例如，美国《洛杉矶时报》和《世界日报》等，由于受限于报民数量和读者的买报习惯，自助售报在我国较为少见。

上门推销是最常见又最有效的报刊直销渠道。业务员在为居民送水、送牛奶的同时，与顾客建立了较好的人际关系，只要稍加推销，潜在订户就可能成为新订户。上门推销的优点是通过面对面接触，容易建立起业务员与订户的长久合作关系，而且通过对老客户的回馈活动，还可能带来意想不到的新订户。它的缺点是对业务员的沟通技能要求较高，而且上门推销有时还可能使顾客产生反感，但这是现在我国订阅报纸最有效的方法之一，包头日报发行公司的报纸订阅采取的基本就是这一方法。

（二）间接渠道

即报刊经过报刊代理发行机构流通到消费者手中。较为常见的间接渠道有超市、百货商店、便利店的代售和书店代售、报亭销售等。

通过超市和百货商店代售主要是因为这些地方的货物品种多、价格低、人流量较大，适宜报刊销售。但缺点也很明显，一方面，由于这些地方有以上特点，许多报刊纷纷选择它们作为代理商，有兴趣的读者在选择报刊商品时就多了选择，这加剧了报纸杂志发行企业的竞争。另一方面，虽然人流量大，但人们进超市和百货商店并不是为了看报纸，而是购买生活日用品，这就使得报刊类商品在这些地方很难引起人们注意。

便利店代售也是报刊代发的一种普遍做法。最大范围、最长时间地接触人群是报刊这种时效性极强的商品所极力追求的，便利店正好做到了这一点。由于便利店大多设在居民区、社区，人来人往，老板多与居民熟悉，方便推销，而且便利店多数是24小时营业，这样读者可以随时买到报纸，开展订阅也十分容易。我国便利店品牌众多，而且便利店连锁使得报刊代售容易形成规模。例如家乐通连锁便利店，2013年仅在深圳市场上就有500多间分店，遍布深圳市各个社区；广东天福便利店在全国有多达2500家分店；广东省著名品牌美宜佳便利店在全国更有超过6000家店铺。如果报刊能够实现在实力雄厚的便利店零售，其发行规模也是十分可观的。

虽然目前书店代售在我国还不太普遍，但其有着很可观的前景。新华书店在我国有过万个销售网点，基本覆盖了我国所有的乡镇，主营图书、音像、光盘，目前已将期刊发行列入其营业范围。基于新华书店的网点和零售优势，其很可能成为邮局之后的第二个全国性的报刊批发、零售渠道。

报亭销售类似于街头便利店，我们在城市里随处可见散落在各个角落的报刊摊亭，大部分报刊零售是靠报亭销售实现的。中国邮政在各地设立的报刊亭数量最多，有些报刊亭是由报社独资设立的，也有些报亭是由报社和其他企业或邮政共同设立的。报亭一般位于街头的十字路口，比较醒目，在红绿灯间歇期间容易引起人们的注意，而且人流量大，便于零售。还有些报亭专门设在学校或政府机构门口，便于高学历人群和一些特定人员取阅。

二、渠道设计

为了使报刊发行单位运用最少的资源获得最大发行规模，并能够更好地参与市场竞争，报社或报刊发行公司通常不会只选择一种发行渠道，而是根据特定的区域特点选择多种发行渠道组合。报刊发行的所谓渠道设计，就是综合运用多种直接渠道和间接渠道，通过发行渠道的有效组合，构建出最适合发行单位的渠道网络结构。

（一）渠道设计的原则

（1）畅通高效原则。商品的流通时间、流通速度和流通费用是衡量渠道效率的重要标志。畅通的营销渠道应以消费者的需求为导向，将产品尽快、尽好、尽早地通过最短的路线，以尽可能优惠的价格送达消费者方便购买的地点。畅通高效的营销渠道模式，不仅要让消费者在适当的地点、时间以合理的价格买到满意的商品，而且应努力提高企业的营销效率，争取最大化地降低营销费用，以尽可能低的营销成本，获得最大的经济效益，赢得长期竞争优势。

（2）覆盖适度原则。随着市场环境的变化及整体市场的不断细分，传统渠道已经很难满足商家对市场份额及覆盖范围的要求，更重要的是，随着人民生活水平的提高，消费者的消费习惯发生了翻天覆地的变化，消费者要求更便捷、更物有所值、更有选择性。因此，商家应深入考察目标市场的变化，及时把握原有渠道的覆盖能力，并审时度势，相应调整渠道结构，勇于尝试新渠道。另外，商家在选择营销渠道模式时，仅仅考虑加快速度、降低费用是不够的，还应考虑及时准确送达的商品能不能销售出去，是否有较高的市场占有率足以覆盖目标市场。因此，不能一味强调降低营销成本，这样可能导致销售量下降、市场覆盖率不足的后果。成本的降低应是规模效应和速度效应的结果。在分销渠道模式的选择中，也应避免扩张过度、分布范围过宽过广，以免造成沟通和服务上的困难，导致无法控制和管理目标市场。

（3）稳定可控原则。营销模式一旦选定，就需要花费相应的人力、物力和财力去建立和维护，且整个建立和维护的过程是复杂而缓慢的。因此，一般不应轻易更换自己的渠道成员，也不要随意转换渠道模式。事实上，任何企业要想提高渠道的效益，就必须保持渠道的稳定性；否则，企业很容易在渠道竞争中“翻船”。当然，由于影响营销渠道的各种因素总是不断变化，一些固有的营销渠道难免会出现一些不合理的问题。这时，就需要营销渠道具有一定的调整功能，以适应市场的新情况、新变化。批发商在具体调整时应综合考虑各个因素的协调，使渠道始终在可控制的范围内保持基本的稳定状态。

（4）顾客需求导向原则。商家在确定渠道层次结构时，必须重点考虑顾客的需求，要树立顾客需求导向的经营思想。所确定的渠道层次结构，不仅要能提供符合消费者需求的产品，而且还必须使渠道满足消费者在时间、地点以及售前、售中、售后服务的需求。市场导向原则已在营销的各个领域、各个行业普遍应用。由于报刊这种产品主要是为顾客提供信息，报刊市场的顾客需求就是要看订户最需要什么样的信息，这可以通过每种报刊的销量规模来确定。通常情况下，不同的细分市场所需要的信息是不同的，报刊的采编人员应审时度势，考虑顾客需求。此外，还可以通过市场调研的形式挖掘顾客的潜在需求。

（5）协调平衡原则。保持与上下游渠道成员之间的协调与合作是保证渠道畅通的关键。因此，商家在确定渠道层次结构时，不能只简单地追求自身的利益最大化，忽视乃至损害其他渠道成员的局部利益，这无益于整合渠道的高效运转。在选择渠道模式时，商家应综合考虑各渠道成员之间的利益，使各成员之间的利益达到综合平衡。必要时，商家应制定一套科学、合理的分配制度，根据各渠道成员担负的职能、投入的资金与精力以及取得的绩效，对渠道所能获得的利益进行科学、合理、公平的分配。事实上，渠道成员之间发生渠道冲突的关键原因就在于利益分配不均。

(6) 精耕细作原则。市场覆盖面大了，如果缺乏精耕细作的管理，假如同一类别不同渠道上出现区域覆盖冲突，可能引起分销商的争执，那么分销渠道的危机是很显然的。因此，在竞争越来越激烈的今天，抛弃粗放经营，实行精耕细作是很重要的，它保证了网络的正常运转，保证了网络的健康发展。在精耕细作的网络设计中，所有的网络管理工作必须做到定点、定时、定人、定路线、定效应，推行精细化、个性化服务，设置相应的市场反馈机制，并制订可能的应急预案，及时准确地反馈市场信息，全面监控市场的动向，迅速处理突发事件。

(7) 不断创新原则。为了应对市场竞争，在不同的企业发展阶段、不同的品牌发展阶段，分销渠道的设计应该有所不同，应该注重求新、求变的原则。根据竞争趋势和市场的发展以及消费者的变化和个性化需求，不断调整分销渠道，让分销渠道和企业、产品、品牌共同进步。例如，任何报刊企业都无法回避报纸发行的“无纸化革命”。随着互联网在我国的普及，网络已经成为人们生活中不可缺少的一部分，网络阅读更成为人们的一种习惯。据中国行业研究网统计，截至 2013 年年底，我国网站总量近 350.7 万个，互联网站显然是“无纸化革命”的“功臣”。借助于多媒体渠道，报纸电子版发行规模迅速扩大，这对其他渠道的发行形成了冲击。

（二）发行渠道设计的流程

(1) 区分读者类型。报刊的订阅者有诸多类型，除了各类专业报刊如党报机关报、财经报、管理报、科技报、教育报等，“大众化”的报纸订阅者可以从诸多方面予以分类：从职业角度，分为公务员、商人、待业劳动力和其他报刊爱好者；从购买费用承担者角度，分为公款读者和自费读者；从机构角度，分为政府机关、企事业单位和普通商户和散户等。明确区分读者类型能够为报刊发行单位有针对性地选择发行渠道提供思路。

(2) 分析读者需求。读者需求可以从以下几个方面去考虑：

1) 订阅量大小。一般公款读者的订阅量较大，自费读者订阅量较小。例如，企事业单位和政府机关一般都有批量订阅，而且订阅的时间较长，而普通商户和散户则因为某种需要才会去订阅报纸，他们或是寻求商机或是寻求工作，达到目标后，可能会终止订阅。

2) 空间的便利性。普通商户和散户更加注重空间的便利性，因为他们更加关注信息获取的及时性。

3) 信息的选择。例如，在居民区或超市、便利店等设置的发行渠道，应投放载满消费类或健康类信息的报纸，因为消费和健康是这些地区读者更关注的；而在商务中心区则更需要供求信息和服务类信息。

（3）确定渠道目标。应明确每条发行渠道要达到的目标，主要包括年征订量或年销售额、成本控制水平、利润水平、销售支持、售后服务标准等。为了维持一定的利润目标，发行渠道的成本与销售额之间应该保持一定的比例关系。报刊的销售支持主要指通过怎样的产品展示，才能更大限度地引起消费者对报纸的关注或兴趣，最终达到使其订阅的目的。而售后服务标准主要针对批量订阅的客户，即通过怎样的反馈机制和服务体系才能使其持续地订阅，稳定客户源。

（4）列出备选方案。在分析消费者需求的前提下，每种报纸发行渠道的备选方案都要从以下角度列示：渠道长度、渠道宽度、渠道广度、渠道目标。如图3–1 所示。

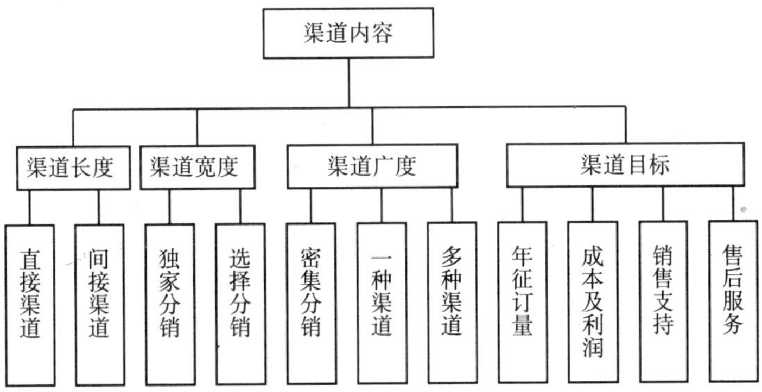

图 3–1　发行渠道内容

直接渠道长度相对较短，而间接渠道长度相对较长。针对三种宽度，独家分销是指在某一地区仅利用一家机构发行报纸；选择分销是指利用一家以上，但又不是让所有愿意经销或代销的机构都来分销某种报纸；密集分销则是指尽可能多地利用中间机构销售某种报纸。渠道广度实际上是渠道的一种多元化选择。事实上，许多公司都会选择多种渠道的组合，即采用混合多渠道模式来进行销售。

（5）评价备选方案。评价备选方案的标准为：

1）经济性标准。即针对发行单位目标找到效益最大点。例如针对成本利润目标的两种渠道的损益临界点，如图 3–2 所示。

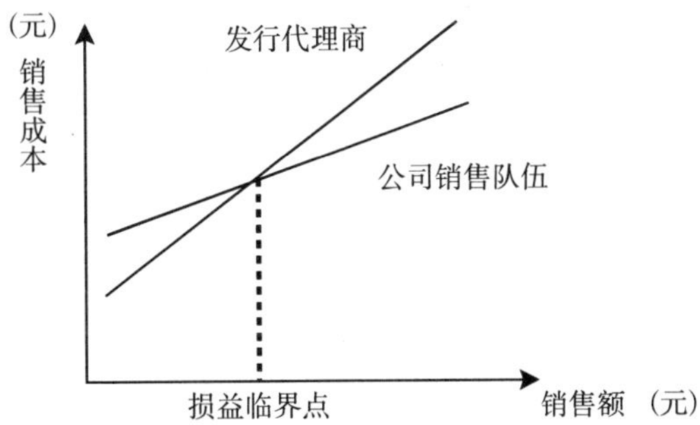

图 3–2　两种渠道的损益临界点

2）控制性标准。是指厂商对分销商能够进行有效控制。

3）适应性标准。渠道的选择能够适应复杂多变的竞争环境。

（6）确定渠道方案。

经过以上六个步骤的分析后，得出最终的发行渠道方案。渠道方案的设计流程如图 3–3 所示。

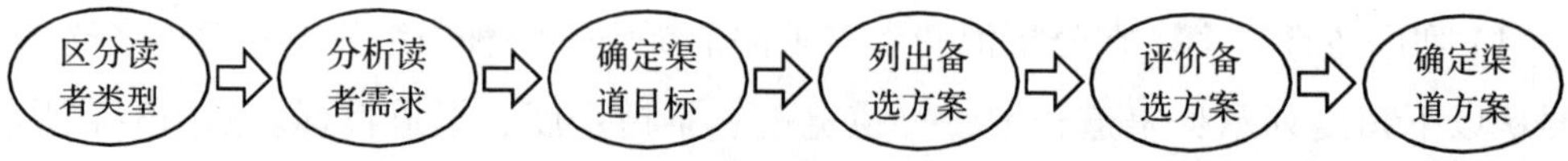

图 3–3 渠道方案设计流程

三、包头日报发行公司的发行渠道创新

从发行渠道设计的流程看，第二步“分析读者需求”到第四步“列出备选方案”是渠道创新的重要突破点，因为读者的类型是固有存在的，而不同的发行单位对读者需求的分析会有所不同，从而谁最早、最大限度挖掘了潜在顾客需求，并以之确定了发行渠道的长度、宽度和广度，有针对性地确定渠道目标，谁就可能在竞争中胜出。

为了最大限度地挖掘潜在顾客需求，包头日报发行公司通过市场投放尝试，发现一些非公企业、沿街底店以及社区居民对党报也有一定需求，因此保住党报在党政机关的阵地后，公司把发行重点放在了非公企业、沿街底店以及社区居民，从而使党报的发行结构更合理，这改变了党报一般在政府机关、公有制企业和事业单位发行的现状。

另外，为了使党报更贴近群众，使更多人了解党报，公司在直接渠道和间接渠道上均做了创新。在直接渠道上，公司周末在流动人口较多的广场、步行街等地组织《包头日报》、《包头晚报》的巡回大型抽奖活动，不仅为群众带来了欢乐和实实在在的利益，还使群众更加深入地了解了党报；在间接渠道上，公司不仅在大型超市、百货店面以及飞机场的窗口单位放置了报刊展示架，还创新性地与一些饭店和大型娱乐场所合作，展示自己的报刊，这在内蒙古报纸发行业内尚属首例，大大提高了党报的知名度和覆盖面。

第二节　从优化发行结构到深度开发发行渠道

一、发行结构定义

国内有关报业发行结构定义的文献并不多，胡雪认为，发行结构应该有两层含义：广义的发行结构和狭义的发行结构。前者指发行总量与发行结构的合理匹配，即一定的发行总量对应一定的发行结构。后者是发行量的区域分布、市场类型、读者类型的总称[①]。胡雪还提出了发行结构的四要素：发行总量、区域分布、市场类型、读者结构。

发行总量是衡量报纸影响力最重要的指标，是报纸知名度和信誉的体现，也是报纸发行企业争夺市场的首要考察目标。只有达到一定的发行规模，报纸才会有后续的产业连带，如广告业务、代理发行等已成为发行企业收入的主要来源。

区域分布，是指报纸发行达到的地域范围分布情况，发行量越大、越密集的区域，对周边区域的辐射能力越强，这样周边区域的居民也更容易发展为报纸订阅的潜在客户。

市场类型分为报纸的批量征订市场和零售市场，批量征订决定了市场的稳定度，即报纸忠实客户所占的比例；零售则决定了市场的拓展度，即报纸发行市场延伸的范围。

读者结构，一般包括读者的年龄分布、教育程度、从事的行业和读者的月收入。从读者的年龄分布可以看出所发行的报纸更适合哪些年龄段的人阅读，从而能给报纸内容安排带来一定启示；读者的教育程度结构可以从一个侧面反映报纸的层次和质量；而读者从事的行业和读者的月收入分布则决定了报纸的经营范围和利润。

二、《包头晚报》发行结构分析

2012年，为了更清楚地把握报纸的发行效果，包头日报发行公司做了《包头晚报》客户满意度调研，其中较为详细地描述了《包头晚报》的发行结构。

（1）发行总量。2012年《包头晚报》发行总量为4.1789万份，收入为802.3488万

---

① 胡雪. 论都市报优化发行结构［J］. 中国报业，2007（11）.

元，与2011年同期相比，订报数量增长4975份，增加收入95.5200万元，同比增长13.5%，超过了公司预计增长10%的目标任务。

（2）区域分布。如图3–4所示，居住在昆都仑区的订户占47.03%，居住在青山区的订户占23.24%，这两个区域加起来所占比例较大，达到70.27%。居住在稀土高新区的占14.59%，居住在东河区和九原区的分别占7.57%和5.95%，居住在其他区域的占1.62%。由于稀土高新区处在昆都仑区和青山区之间，而且人们印象中只有昆都仑区和青山区，并没有具体的稀土高新区的界限划分，所以被调查者较多地在昆都仑区和青山区选择。

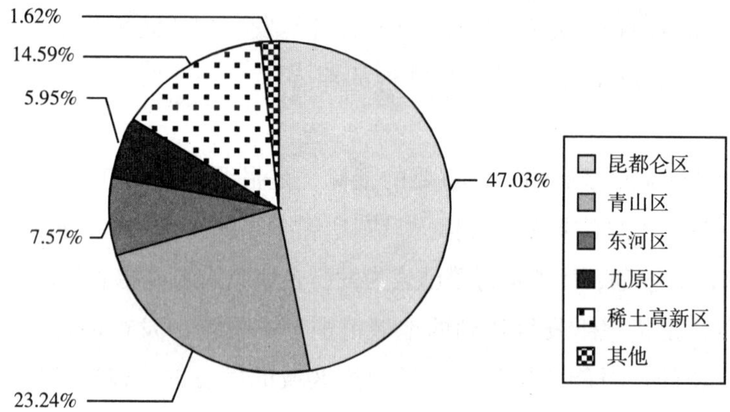

图3–4 《包头晚报》订户居住区域分布

（3）读者的年龄分布。通过调查发现，《包头晚报》20岁以下的读者占3.2%；20~40岁的读者占67.6%；40~60岁的读者占28.6%；60岁以上的读者占0.5%。大部分读者都集中在20~60岁，说明了青年人和中年人比较热衷于读《包头晚报》。

（4）读者的教育程度分布。具有初中以下学历的读者占9.7%；高中、中专、职高学历的读者占39.5%；大专、本科以上学历的读者占46.5%；硕士及以上学历的读者占4.3%。这说明阅读晚报的读者多具有高中以上学历。

（5）读者从事行业的分布。通过问卷统计，得出图3–5。

所发放的200份问卷中，有效问卷为185份。其中从在国家机关、党政机关工作的读者处收回问卷11份，占5.9%；从事文化、艺术及教育行业的为26份，占14.1%；从事商业的最多，有59份，占31.9%；从事卫生、体育、社会福利的有5份，占2.7%；从事公用事业、社会团体的有52份，占28.1%；从事金融、保险的有2份，占1.1%；从事交通运输、邮电通信行业的有3份，占1.6%；其他行业的有27份，占14.6%。

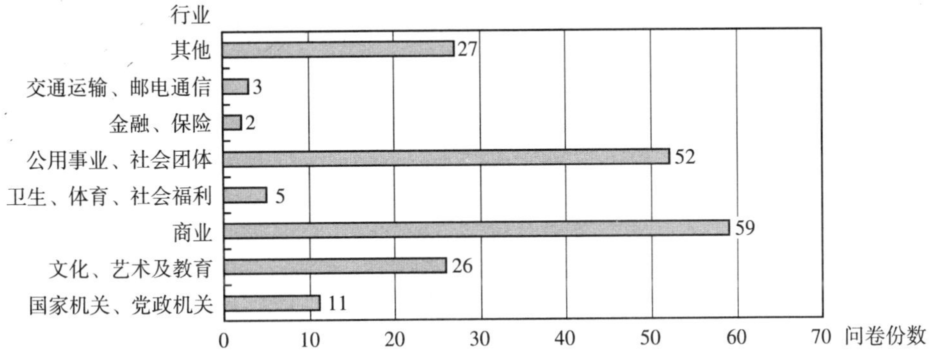

图 3-5 《包头晚报》读者从事行业分布

（6）读者的月收入分布。经过统计，读者的平均月收入在 1000 元以下的占8.11%；1000~4000 元的占 68.65%；4000~7000 元的占 18.38%；7000 元以上的占4.86%。因此可以看出，被调查者的收入集中在 1000~4000 元，收入较低和较高的都比较少。

（7）市场类型。经问卷调查，经过单位征订渠道阅读《包头晚报》的读者占63.2%，其他为读者自己订阅。可见，《包头晚报》征订渠道与零售渠道的发行比例约为 1.7:1.0。

那么，怎样评价发行结构的好坏呢？胡雪在《论都市报优化发行结构》一文中认为，要以广告结构的优劣来分析发行结构的优劣，以广告结构的优化方向来指导发行结构的优化方向。另外，发行结构的优劣是相对的，是同城都市报之间比较得出的。因此，优化发行结构必须参考其他报社的情况，找出自身的优势与劣势，选准优化方向。

从《包头晚报》的发行结构来看：昆都仑区和青山区是包头市各区县中城镇居民人均可支配收入最高的两个区，昆都仑区也是政府所在地，比较繁华的商业区都在昆都仑区。从订户区域分布看，居住在昆都仑区的订户占 47.03%，居住在青山区的订户占 23.24%，这两个区域综合起来所占比例达到 70.27%，区域分布是合理的。阅读晚报的读者多是高中以上学历人群，读者所从事的行业以商业、公用事业和社会团体居多，两者占 60%，这与《包头晚报》的服务初衷也是接近的。根据《青年记者》的数据统计，我国报纸 2011~2013 年的发行征订与零售比例依次为 2.0:1.0、2.7:1.0、7.3:1.0，可见，从全国范围来讲，读者订阅报纸的比例逐年上升或报纸零售市场逐年衰落，《包头晚报》2012 年征订与零售比例与国内其他报刊接近。《包头晚报》读者多为月收入 1000~4000 元的中低收入者，这与移动互联网等数字化媒体的发展导致高学历、公司白领等读者流失有关。这些中低收入者更多的是关注生活服务类信息，而投放这类广告的企业多数并非大型企业，广告版面较小，因此，广告收入相对不高。

综上分析，《包头晚报》发行结构的优化方向应为提高其广告产值，即适当安排报纸中广告的数量和位置，并设法提高广告效果。一方面，广告收入是报纸发行的重要收入来源，表面上看，广告的数量越多越好。但由于版面大小、黑白版还是彩色版与广告费用直接相关，广告数量越多，相应的单位版面会越小，因此，广告数量并非越多越好，而且数量太多、太烦琐也会引起读者反感，反而丢失了订阅客户。另一方面，广告给商家带来的经营效果是商家是否继续在报纸发布广告的直接因素，因此，设法提高广告效果也是《包头晚报》发行结构优化的努力方向。

三、发行渠道的深度开发

报社建立起多种发行渠道后，并不是就“高枕无忧”了，还要加强对发行渠道的管理。渠道管理是一门艺术，好的渠道管理可以让多种渠道各尽其能，相得益彰，而发行渠道的深度开发是纵向渠道管理的重点。

所谓“发行渠道的深度开发”，是指利用已经建立起来的相对完善的发行网络，因地制宜地兼营其他业务，促成发行渠道的保值增值，实现“渠道自养”的目的。

包头日报发行公司已经在包头市建立起了七大分公司，有近 300 人的发行队伍，加上大型宾馆、饭店、百货店面等间接渠道的成员，发行渠道已成网络。这个庞大的发行网络本身就蕴藏着巨大的经济价值，如果能够合理有效地开发，对于发行公司的发展将是巨大的推力。

为此，包头日报发行公司对发行渠道做了如下深度开发：

（1）委投报刊业务。发行部主动与报纸杂志社联系，利用公司现有的投递渠道，为《体彩报》、《昆仑报》、《鹿鸣杂志》等五种报纸杂志开展报刊委投，用了不到两年时间从公司刚组建时的 20 多万份发展到 2012 年的 81 万份，并逐步提高，得到了各报刊单位的认可。

（2）轻物流快递业务。为了满足目前包头地区轻物流快递业务的不断增长，加快同城快递、企业商品配送、居民日常生活用品的配送需求，使消费者获取商品更加方便快捷，公司于 2011 年 6 月 1 日正式开办了轻物流配送揽收业务，使市五区及外五旗县区的货物递送更加快捷。公司还与中铁快运强强联合，搭建起了包头地区与全国各地轻物流的快递业务，共同提升包头市轻物流快递业务投递质量及快递揽收质量，达到精确配送投递，让顾客用最低的价格享受最安全优质的服务。

（3）报纸夹报（夹页）业务。随着报刊发行订阅量的增长，公司开始代理报纸夹报（夹页）业务，从 2011 年的 300 万份（张）到 2012 年的 650 万份（张），仅 10 个月的时间，在发行部、各分公司的共同努力下，取得了 58 万多元的优异业绩。

（4）《新包报》业务。《新包报》由包头日报社主办，包头日报发行公司承办，通过

《包头日报》、《包头晚报》、《家庭周报》的发行渠道进入千家万户，送达有需求的人群，并根据客户需求进行了改版。该业务还将继续以下努力：

1）扩大和加强与包头市商业企业、名优品牌以及工商联的联系与合作，搭建包头商圈、商业企业间的桥梁，力争成为包头市商界发展的交互平台。

2）优化原有《包头晚报》的配送渠道，增加商业底店、写字楼和商圈的定点直投，使商业信息更快速、全面地投送给有效人群。

3）配合《包头日报》、《包头晚报》“十佳餐饮酒店推荐店”的民意调查活动，在全市开展“客户信得过餐饮酒店推荐”活动，开辟专版、专栏对纳入推荐店的商家进行系列报道和品牌展示。推动全市餐饮品牌建设，营造良好就餐、住宿环境，并用“名品汇”专栏安排展示各企业风采。

4）响应国家大力发展旅游业的号召，推出旅游专版，为包头市民出游搭建信息平台，为包头市景区建立展示平台，为旅行社与团体、个人搭建桥梁。

5）应广大客户的要求，结合市场调查结果，将出刊日期更改至收看率最高、广告效果最佳的每周三，满足广大客户的需求。

（5）金骆驼系列白酒。2012 年 9 月公司正式启动了酒类营销业务，组建了包头市鹿鼎酒业有限责任公司，并与金骆驼合作开发了清香醇厚型的金骆驼“年年红”酒、清香型的“畅饮峰”白酒及清芝复合型的“盛世经典”系列白酒，并利用公司现有渠道进行白酒的批发和零售配送。

（6）旧报回收业务。公司 2012 年 8 月围绕“旧报回收、资源再生、绿色环保、节能降耗”这一主题，开展了旧报回收业务，得到了社会各界的认可，并取得了一定的经济效益。

四、优化发行结构与发行渠道深度开发

良好的发行结构与有力的渠道深度开发就像报纸发行渠道的“左膀右臂”，保证了发行工作的高效率运行。一方面，任何一个发行渠道都有其独特的发行结构，分析发行结构能使公司更加清晰地了解报纸发行的效果，并为发行结构改进提供依据。优化发行结构能使发行渠道更加畅通，使渠道的服务定位更加精准，使有效发行深入贯彻。另一方面，发行渠道深度开发避免了渠道浪费，最大限度地发掘了发行渠道的经济价值，并利用开展其他经营业务的收入弥补渠道的维护成本，甚至还有盈余，不仅实现“渠道自养”，还为公司实现了创收。两者的有效结合促成了整个发行渠道的高畅通、高效益，是渠道管理不可或缺的两个组成部分。

第三节　渠道的产业化经营效益

一、渠道的产业化经营

业界对于报纸发行的产业化已经做了诸多讨论，宋建武认为，所谓“报纸发行产业化”，是指报业依托报纸发行所建立的发行网络在经营范围上的综合化，在服务对象上的社会化，在投资来源上的多元化，以及以之为基础的组织形式和经济运作方式的相对独立化[①]。刘涵认为，报纸发行产业化的要点是组织和经营形态的独立化、服务的社会化、经营的规模化、运营的专业化、盈利的综合化和股权的多元化[②]。两人均强调了发行组织和经营的独立形态。报纸的发行和经营网络即发行渠道是产业化运作的基础，本书将报纸发行的产业化归结为渠道的产业化经营。

二、包头日报发行公司渠道产业化经营的经济效益

公司借鉴了同行业渠道经营的成功经验，并在此基础上有所创新，进行了发行渠道的深度开发和产业化经营。以下是近两年公司渠道产业化经营的经济效益成果展示。

2011 年，党报 《包头日报》订阅 2.9 万份，实现收入 767.9 万元，报刊业务量比 2010 年同期增长 1.45%；《包头晚报》订阅 3.7 万份，实现收入 706.8 万元，报刊业务量比 2010 年同期增长 16.8%，超过了公司预计增长 10%的计划；《都市 7+1》订阅 0.3 万份，实现收入 15.3 万元；《包头本周》订阅 0.6 万份，实现收入 57.9 万元。全年“两报两刊”订阅总份数 7.5 份，实现报刊总收入 1547.9 万元。此外，全年完成夹页收入 50 万元，DM 报完成收入 54 万元，批零收入完成 10 万元。

2012 年,《包头日报》订阅 2.9 万份，实现收入 864.6 万元，虽然订报数与2011 年同期相比持平，调整价格收入却同比增加了 98.6 万元，增长 12.8%；《包头晚报》订阅4.2 万份，收入 802.3 万元，与 2011 年同期相比订报数增长 4975 份，收入同比增长 13.5%，超过了预计增长 10%的目标任务。全年“两报”订阅总份数 7.1 万份，实现报刊总收入 1666.9 万元。由于《都市 7+1》和《包头本周》与《家庭周报》合刊，公司买

① 宋建武. 试论我国报纸发行的产业化趋势［J］. 新闻战线，2000（1）.
② 刘涵. 渠道为王：报纸发行产业化的思考与探索［M］. 北京：新华出版社，2007.

断了《家庭周报》1 万份的订阅任务。另外，2012 年综合业务部完成夹页总收入 58.8 万元，为《体彩报》、《昆仑报》、《鹿鸣杂志》等五种报纸杂志开展委投业务，全年创收 3.7 万元，《新包报》实现总收入 59.9 万元。

可见，公司发行渠道的产业化经营，不仅保证了订报数量的快速增长，还使报刊收入每年都超过了 10%的增长目标，夹页收入与报刊委投等经营业务每年都取得新的进展。包头日报发行公司渠道的产业化经营思路也由此确立：在保证《包头日报》、《包头晚报》、《家庭周报》发行投递目标实现并力图不断突破的同时，利用发行渠道积极开展报刊委投业务、报纸夹报（夹页）业务、《新包报》业务、旧报回收业务、舞台宣传活动；同时发展多元化经营，促进轻物流快递业务的迅速发展，利用已经建立起来的渠道优势启动酒类营销——金骆驼系列白酒业务，并力图在多元化经营方面寻求更多的合作伙伴。

PART TWO 第二篇

管理务实，推动科学发展

包头日报发行公司成立以来面临诸多困难，人员招聘、队伍稳定、车辆配置与管理、发行软件、干部管理等方面都存在很多问题。公司主要领导经过缜密考虑认为，各项工作应该先发挥公司机制灵活的优势，从内部管理入手，为此，公司先后编写了《发行部岗位职责制度汇编》、《综合办公室岗位职责制度汇编》、《员工手册》等一系列规章制度，在各岗位建立了岗位职责制度和绩效工资考核办法，在经营管理上实行经营管理承包风险抵押。这就在制度上保障了公司的良性发展，使各岗位人员全部有序可循。

公司的管理理念：执行以人为本的管理体制，树立读者第一的服务理念，本着员工至上的思想意识，打造合作共赢的优秀团队。管理目标：制度人性化、管理科学化、企业信息化、审批表格化。

第四章　管理体制创新是保障公司健康发展的基础

第一节　创新员工聘用制度

员工聘用制度体现了公司的用人理念，它规范了员工录用与否的标准、员工的入职流程、试用期限和福利等。员工聘用制度同时还是企业和职工的行为约束机制和双方利益的保障。因此，公司员工聘用制度体现着公司的性质，是一个公司管理水平完善程度的标志。它的合理与否、完善与否关系到能否聘用到优秀的员工以及能否留住优秀员工，更进一步关系到公司的长远发展。

一、关于人力资本

为了更好地解释员工聘用制度，先来探讨关于人力资本的问题。20 世纪 90 年代之前，几乎所有的学者、企业都在讨论企业资产重组、全面质量管理等，90 年代之后，整个管理学界的理论焦点则是人力资本、知识管理。随着时代的变化和新科技革命效果的逐渐显现，管理学的重心也发生了重大变化，而人力的价值正越来越重要。

美国经济学家西奥多·舒尔茨基本上把人力资本与人力资源视为同一个概念。人力资本的内涵包括：人力资本概念的内核在于劳动力，能力的发挥是通过劳动力作用的；人力资本是对个人的教育、技能以及类似变量的概念化；人力资本体现在人的身上，表现为人的知识、技术、资历、经验和熟练程度。因此，人力资本是人的教育、知识、技能等的综合体。它基本存在于高级人力资源中，对人的教育、知识、技能等的投入越多，人力资本越大。

人力资本与物质资本共同创造了企业的价值：

第一，企业内不同类型人力资本之间的合作会带来合作收益，具体体现在不同类型人力资本所有者的知识和能力互补带来的合作收益。

第二，人力资本和物质资本共同创造企业的市场价值。企业无形资产的价值，其中一部分是人力资本的价值；另一部分则主要依据人力资本所有者去创造和积累。

第三，人力资本和物质资本共同承担企业风险。既然人力资本和物质资本共同创造企业价值，那么，它们就会共担企业风险。人力资本具有专用性、群体性和与所有者的不可分离性，一旦离开这个企业，就会使原有的人力资本贬值。

人力资本价值的构成问题。人力资本价值是指维持人力资本再生产花费的一切费用。人力资本的价值应以此为基础进行计量。它包括：维持人力资本所有者生活所需要的费用；维持人力资本所有者家属生活所需要的费用；人力资本所有者为人力资本生产所投入的教育、培训、迁移、医疗、卫生保健等费用；国家、社会与企业为人力资本生产所投入的费用，如公立学校、公立医院等的投资；人力资本所有者进行人力资本投资的机会成本。

人力资本的流动问题。人力资本遵循其自身的转移和流动规律，追求个人价值和利益的最大值。为此，后发国家对于某些高精尖的紧缺人才采用“借贷”的方式加以利用。企业也一样，人力资本的流动也是企业间竞争的结果。但现实情况是，没有哪一个企业愿意自己的高精尖紧缺人才流向其他企业，因为这种流动本身就是对本企业的威胁，这些紧缺人才可能带走本企业的商业机密。因此，人力资本流动存在障碍。然而还有一个反面问题，那就是由于体制机制的不灵活使员工即使工作效率低下也不会轻易被解雇，导致员工失去竞争压力，公司发展困难。

人力资本的激励机制包括以下内容：

（1）改善薪酬福利制度，使其具有激励功能。可以采取以下措施：拉开档次，高水平人才高工资，高报酬者是不断变化的；员工薪资高于同行业平均水平；对合理化建议和技术革新者提供额外报酬；实行福利沉淀制度，如有人提前离开，沉淀工资拿不走。

（2）完善年薪制。包括提高经营者年薪；形成全面合理的业绩评价指标；部分年薪以股票（或虚拟股票）权限方式实现。

（3）经理层持股。公司中层以上管理人员和核心技术人员通过适当的制度安排和机制设计持有本公司一定比例的股权，以改善其收入结构，赋予其剩余索取权。

（4）股票期权。企业经营者可以在规定的时期以行权价格购买一定数量的股票，并有权在一定时期后将所购入的股票在市场上出售，但股票权本身不得转让，它是一种权利和未来概念，体现了激励与约束并存、收益与风险对等的特点。如果经营者中途离开企业，已经获得授权但未到期的股票期权会被取消。

(5) 长期雇佣。只打算在企业短期工作的人，很少追求企业的长期目标，企业也很少对其进行长期人力投资，委以重任。长期雇佣强化了信誉、忠诚对双方机会主义行为的约束。

二、人力资本理论与员工聘用

第一，人力资本理论涉及了员工聘用制度的诸多因素，这里的员工主要是指高级人力资源，就发行公司而言，指公司的管理人员、技术人员和营销人才，但广义的人力资本还应包括公司优秀的投递员。因此，公司在聘用人员时也不能忽视投递人员的选拔，并不是所有人都适合投递工作。

第二，企业不同人力资本的合作会带来合作收益，公司的高层领导、中层管理人员和一线的发行人员之间能否通力合作会影响政策的贯彻执行和执行效果，进而影响公司效益，因此，员工试用期限是必要的，而且期限长短应该适中。

第三，在人力资本的价值计量问题方面，由于其包括的内容广泛，而且不同岗位的人员工作性质不同，流动性就不同，给公司带来的效益也就不同。人力资本价值计量涉及的所有员工的工资、补贴、奖金与福利不应“一刀切”，不同岗位应该区别对待。

第四，针对人力资本流动问题。首先，公司可以聘用其他报社或发行公司的优秀人才，不能全职聘用的可以兼职，可以为公司做些培训指导之类的工作，提高本公司人员素质。其次，现代企业人员流动频繁，公司聘用制度中有关人员入职与离职方面应该有严格的限制，避免因人员流动给公司带来过大的负面影响。

第五，人力资本的激励问题。为了留住优秀人才，保障公司权益，增强公司竞争力，人力资本的激励是不可或缺的。对于股份有限公司，当然可以采用经理层持股和股票期权达到激励作用；而对有限责任公司，则采取其他方式，如改善薪酬福利制度和完善年薪制。需要说明的是，“长期雇佣制”不能轻易使用，应区分不同人员对待，因为它更像是员工的“催眠药”，容易导致人浮于事，工作效率低下。

三、包头日报发行公司的实践

一般发行公司由于人员流动性较大，尤其是投递人员，对员工多实行“正式用工、非全日制用工、临时工”的等级制度，包头日报发行公司则另辟蹊径，发挥机制灵活的优势，实行全员聘用制。通过业绩考核，可以直接提拔优秀员工到领导岗位上，而对不称职的干部能够及时调整和撤换，摆脱自办发行前旧有体制的束缚，真正实现了“干部能上能下，员工能进能出，收入能高能低”的科学管理体制。

2010年9月12日，内蒙古自治区举办了第二届“万人就业”大型招聘会活动，《包头日报》作为这次活动的主要媒体支持单位，包头日报发行公司也参加了此次招聘会活动，为保证招聘活动的顺利进行，公司总经理、办公室和市场部负责人、各分公司和分站相关人员均参加了此次招聘活动。

伴随着公司招聘活动的顺利进行，公司的聘用原则和聘用规定已初具雏形。在聘用原则上保证公平、公正，使每一位优秀人才都能充分发挥才能，为公司所用。为此，公司聘用原则规定，员工在被聘用及晋升方面享有同等的机会；晋升职位或补充空缺职位时，公司将在可能情况下先考虑已聘用员工，然后再对外招聘；工作表现和业绩是公司晋升员工最主要的依据。公司的用人原则是“德以服人，能以敬人，有为有位，公平公正”。随后随着人员队伍的不断扩大和领导机构的不断完善，逐步将员工“入职流程—试用期间—离职流程—聘用终止—工资制度—福利制度—劳动合同管理”方面的内容书面化和系统化，形成了包头日报发行公司独特的员工聘用制度（详见附录《员工手册》）。

第二节　明确岗位职责制度和绩效考核办法

一、实行岗位职责管理的意义

实行岗位职责管理，可以最大限度地实现劳动用工的科学配置，使每位员工都能各尽其能，发挥其在公司价值创造过程中的作用；使每位员工都能各司其职，有效地防止因职务重叠而发生的工作扯皮现象，避免因分工不明确或不合理导致的员工工作纠纷；提高内部竞争活力，便于更好地发现和使用人才；它使各项工作“有法可依”，同时也是组织考核的依据；能够起到监督和约束员工行为的作用，提高员工的工作效率和工作质量；为员工工作提供指导，规范操作行为；减少违章行为和违章事故的发生。

二、制定岗位职责的原则

（1）清晰明了原则。岗位职责应该清晰明了，便于理解和执行。必要情况下，鼓励员工亲自参与设定岗位目标，并努力激励其实现这个目标，岗位工作的实施准备和实施后的评定工作进而都可以由此岗位员工自己评估得出。同时让每一个岗位的员工都能认识到这个岗位中可能发生的问题，并可以自己解决，上司只起辅助作用。

（2）激发员工主动性原则。岗位职责的设定要能够激发员工的主动性。权责对等是基本前提，只有权责对等，员工才会有积极性和主动性。岗位工作的压力不是来自他人的压力，而是使此岗位上的工作人员发自内心自觉自愿产生的，从而转变为主动工作的动力。岗位工作是员工为自己做的，而不是为上司或者老板做的，每个岗位都是员工个人展现能力和人生价值的舞台。员工必须能够在本职岗位的工作中主动发挥自我解决、自我判断、独立解决问题的能力，以求工作成果的绩效最大化。

（3）工作内容丰富原则。企业在制定岗位职责时要尽可能地考虑一个岗位包含多项相关联的工作内容，以便岗位上的员工发挥由于长期从事单一性工作而被埋没了的其他才能。丰富岗位职责的内容，可以促使多面手的员工充分发挥各种技能，也会收到激励员工主动积极工作的效果。

（4）岗位轮换原则。在企业人力资源许可的情况下，可在设定员工在固定期间内出色完成既定任务之后，可以申请转换到其他岗位工作。通过工作岗位转换，可以丰富和提高企业员工整体的知识领域和操作技能，同时也能营造企业内各岗位员工之间和谐融洽的企业文化氛围。

三、绩效考核的评价标准

企业开展绩效考核工作，核心是使企业的战略目标得以顺利实现。要实现战略目标，人是其中最关键的因素。如何使人力资源发挥最大效能，调动人的积极性，使企业各级管理人员都有使命感，进而发挥创造力，使公司具有运行活力，进而对人力资源进行整合，使优者得其位，劣者有压力并形成向上动力，使企业目标在优化的人力资源作用下得以顺利实现等问题，正是绩效考核所要解决的最本质的问题。有关绩效管理在企业管理中的位置可参见图 4–1。

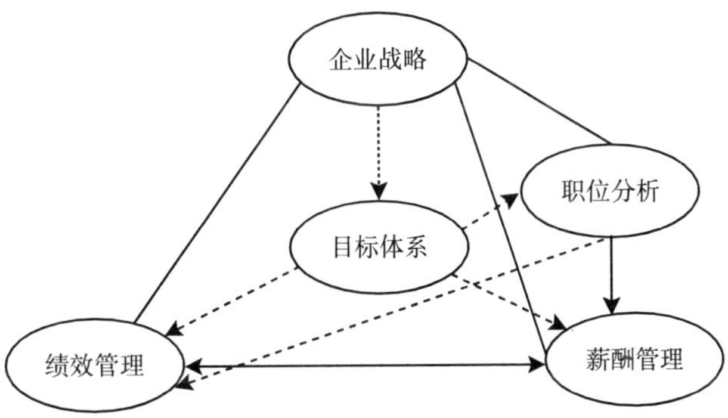

图 4–1　绩效考核

从图 4–1 可以看出，企业战略统筹绩效管理、薪酬管理和员工职位安排，而企业战略下目标体系的完成情况为绩效管理、薪酬管理和员工职位安排提供依据和指导，绩效管理与薪酬管理又双向关联，员工职位分析也为绩效管理提供指导。综合分析的结果是，与绩效管理相关的因素包括企业战略、战略下的目标完成情况、员工职位和员工薪酬四方面，为绩效考核提供了依据。

基于以上绩效考核的目的和依据，各个部门或岗位绩效考核的评价标准应该包括两方面：一是部门或岗位目标是否得到实现；二是员工素质是否得到优化和提高。这两方面的评价结果决定了员工薪酬和职位的调整问题。

四、包头日报发行公司岗位职责制度和考核办法概览

包头日报发行公司详细规定了各职能部门和职能人员的岗位职责，为绩效考核的实施提供了参考依据，并详细规定了各岗位的考核办法，制定了标准的审批表格。

发行部的岗位职责包括发行部部门岗位职责、发行部部长岗位职责，分公司、分站岗位职责，分公司经理、分站站长岗位职责，分公司、分站备班人员岗位职责，分公司、分站内勤人员岗位职责。各个岗位考核办法包括《分公司经理月绩效工资考核办法》、《分公司内勤、备班人员岗位职责考核办法》、《分公司、分站考勤制度及考核办法》、《报刊发行业务流程管理办法》、《报刊分发操作流程及管理办法》、《报刊运输、分发、投递作业管理考核办法》、《报刊分发现场管理办法》、《报刊投递服务质量监督检查考核办法》、《报刊发行业务处理及资金安全考核办法》、《揽收轻物流快递业务流程及管理办法等》。针对发行人员直接接触客户的特殊工作性质，公司还专门制定了发行投递员服务规范和发行投递员职业守则。

综合办公室岗位职责依照国家《劳动法》及《财会法》制定，并设计了一套适合公司自身发展的组织结构，确立了比较清晰的岗位职责，包括综合办公室岗位职责、人力资源部岗位职责、财务部岗位职责、后勤保障部门岗位职责、监察部门岗位职责、信息平台岗位职责、网络部岗位职责、运输部部门岗位职责，并规定了机关各部室人员绩效考核办法和其他各个岗位考核办法（详见附录《发行部岗位职责》、《综合办公室岗位职责》）。

部门或岗位目标是否实现是衡量各岗位工作人员工作能力的标尺，各岗位工作目标的普遍完成程度也是考量目标设置合理与否的标准。实践证明，包头日报发行公司员工的工作能力普遍较高，这不仅取决于员工自身的努力，还与公司给予员工的培训和对员工的关爱息息相关。公司成立至今，无论是报刊业务的订阅增长率还是其他经营业务收入的增长均不同程度超过了预期的目标，公司逐步完善的管理体系和创新的

管理制度已经初步显现其巨大的推动作用。

包头日报发行公司还特别注重员工服务素质的优化和提高，并从职业守则、员工行为准则、仪容仪表、礼节礼貌四个方面制定了投递员的职业规范。为了保证服务质量，公司十分重视客户投诉，有关规定记入了信息平台绩效工资考核细则：

第一，认真接收用户投诉，当场处理不了的问题应在10分钟内通知相关分公司处理，6小时内再次催办，未按规定办理的扣罚月绩效工资，一件10元。

第二，接听投诉电话时不使用文明用语，与用户争吵一次，扣罚月绩效工资50元。

第三，对各分公司的投诉处理与结果进行跟踪催办，未按规定办理的，扣罚月绩效工资20元。

第四，接听用户订报电话应在10分钟内通知相应分公司上门订阅，未认真办理，造成用户投诉的，扣罚月绩效工资30元。

第五，对当天投诉电话、咨询电话应认真做好记录，未按规定办理的，一次扣罚月绩效工资20元。发生服务失范事件时，扣罚员工工资不是目的，目的在于让员工牢记服务规范，树立为客户服务的意识，更好地体现公司“读者第一”的服务理念。

第三节 科学的劳务用工管理

报刊发行企业一般有着庞大的员工队伍，其中人数最多的应属投递人员，如包头日报发行公司的投递人员占员工总数的近70%。所谓劳务用工管理，即针对投递人员的管理。如何根据投递工作的业务特点，高效地组织对投递人员的管理，考验了一个公司的管理能力。投递人员的管理应该从两方面着手，一方面，要考虑公司的管理成本；另一方面，还要秉承“以人为本”的理念，考虑员工自身的需求。

一、公司的管理成本

投递人员方面的成本除了工资、保险等必要费用以外，其他管理成本应视投递工作性质而定。由于投递工作需要经常外出，对于非机动车投递人员，特别是在恶劣的天气和交通环境较差的地段工作的投递人员，对其身体素质的要求较高。除年龄限制以外，如若投递人员隐瞒病情而被录用，又使病情恶化，将给公司带来极大的损失，因此应该严把人员录用这一关。另外，投递员的培训成本、流动性成本也是不小的开支。此外，投递工作都有一定的弹性，一般工作时间为3~5小时，公司对投递人员出归班的管理也不应忽视。

包头日报发行公司在投递人员管理成本方面作了一定探索，制定出以下管理制度。

（一）投递员应聘体检及身份证明

（1）聘用人员前需到发行公司指定的医院进行身体健康体检，体检合格，智力正常，无心、脑等不能从事发行投递工作的疾病，方可录用。对于隐瞒病情而在投递过程中发生意外的，公司一经查实，概不承担任何费用。

（2）所有应聘人员到公司面试时必须携带身份证件，不能提供身份证原件者，公司不予录用。

（二）年龄条件的规定

（1）为了切实保障劳动者的安全，公司应严格按照国家用工年龄条件招录人员，由于公司成立之初急需用工，招录了一些超龄人员。对于目前已经超过年龄的人员，工作满一年：身体条件允许的，可以继续从事投递工作到下一年底。

（2）男性人员 60 周岁以下，女性人员 50 周岁以下，凡超龄者今后不再录用。

（三）关于出归班时间的规定

（1）严格按《报刊综合作业时间表》规定的时间到岗，按照各分公司、分站规定的时间统一出班。

（2）按公司规定完成投递任务后，在规定的时间内向公司信息平台发归班短信。信息平台收到归班短信，作为投递员归班的唯一证明。

（四）有下列情况之一者，发行公司可以提前解除聘用协议

（1）在试用期 3 个月内因身体健康状况不适合发行投递工作的。

（2）在试用期间不能完成分公司、分站交给的投递任务的。

（3）在试用期间被用户重复投诉的，擅自停投报刊 3 户以上的或 1 个月内 5 次不发归班短信的。

（4）凡在 1 个月内被用户重复投诉 2 次以上的，擅自停投报刊 5 户以上的或15 次不发归班短信的。

（5）无理取闹、打架斗殴等影响发行公司正常工作秩序的，或打架斗殴对发行公司声誉造成不良影响的。

（6）严禁在工作期间饮酒，酒后影响工作及扰乱公司正常工作秩序的。

（7）凡发现摩托车驾驶员酒后驾驶摩托车的。

（8）严重违反公司劳动纪律或公司规章制度的，按《员工手册》考勤制度相关规定执行。

二、员工自身需求

公司对员工自身需求的考虑既是体现“以人为本”理念的需要，也是激励员工行为、提高组织绩效的需要。对于员工自身需求的管理应结合一定的理论加以制定和解释。

著名的行为科学理论——马斯洛需求层次论，也称“基本需求层次理论”，由美国心理学家亚伯拉罕·马斯洛于 1943 年在《人类激励理论》论文中提出的。

按马斯洛的理论，个体成长发展的内在力量是动机。动机是由多种不同性质的需要组成的，各种需要有先后顺序与高低层次之分；每一层次的需要与满足，将决定个体人格发展的境界或程度。马斯洛认为，人类的需要是分层次的，它们由低到高依次是生理需求、安全需求、社交需求、尊重需求、自我实现需求。

生理需求，主要指人基本的生存需要，如食物、水、休息等方面的需要，它是人最基本的需求，离开生理需求，其他需求就无从谈起。

安全需求，要求劳动安全、职业安全、生活稳定、希望免予灾难、希望未来有保障等。安全需求比生理需求较高一级，当生理需求得到满足以后，就要保障这种需求。每一个在现实中生活的人，都会产生安全感的欲望、自由的欲望等。

社交需求，也称归属与爱的需求，是指个人渴望得到家庭、团体、朋友、同事等的关爱理解，是对友情、信任、温暖、爱情的需要。社交需求比生理需求和安全需求更细微、更难捉摸。它与个人性格、经历、生活区域、民族、生活习惯、宗教信仰等都有关系，这种需求通常是难以度量的。

尊重需求，可分为自尊、他尊和权力欲三类，包括自我尊重、自我评价以及尊重他人。尊重的需要很少得到完全的满足，但基本上的满足就可产生推动力。马斯洛认为，尊重需求得到满足，能使人对自己充满信心，对社会满腔热情，体验到自己活着的用处和价值。

自我实现需求，是最高等级的需要。要满足这种需求就要完成与自己能力相称的工作，最充分地发挥自己的潜在能力，成为所期望的人物。这是一种创造的需要。有自我实现需要的人，似乎在竭尽所能使自己趋于完美。自我实现意味着充分地、活跃地、忘我地、集中全力、全神贯注地体验生活。

马斯洛需求层次理论的“金字塔”结构如图 4–2 所示。

一般情况下，人的需求由低到高是随着其收入由低到高实现的，即人只有在满足了生理需求后才会考虑更高层次的需求。当然，这只是马斯洛的假定而已。现实中，我们会看到很多反常的现象，米开朗基罗不顾生命危险为王室做壁雕，文艺复兴时期

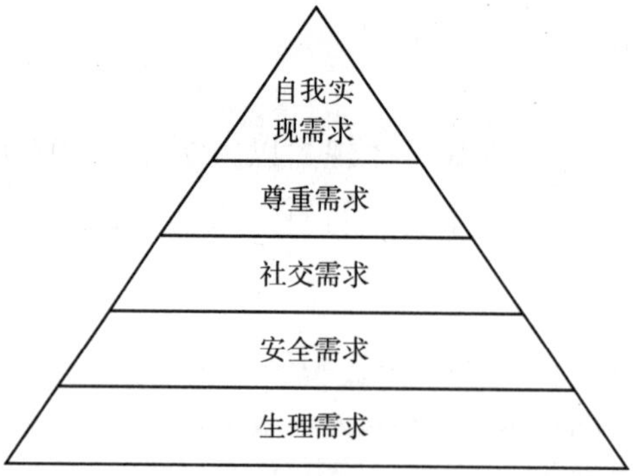

图 4–2 马斯洛需求层次

很多大家为追求艺术和自我实现而放弃社交，战争年代很多前辈为追求社会理想而献出了生命……这些都说明需求层次也存在跳跃性，是由主观意识和客观环境综合造成的。在制定约束和激励员工行为的规章制度时，需要考虑员工的这些需求。

包头日报发行公司针对投递人员的特殊工作性质，主要结合员工的安全需要，综合考虑公司利益和员工需求，制定了如下规章制度。

（一）意外伤害保险的管理

（1）凡试用符合期满，符合录用条件者被录用后，公司为其统一投保一份《人身意外伤害保险》，期限 1 年。

（2）在 1 年之内，所有在工作时间内发生的意外伤害，投递人员必须在第一时间通知公司人力资源部负责人及所在分公司经理。

（3）对于出险后超过 24 小时未报人力资源部办理保险理赔的，医药费由发生意外的员工本人承担。

（二）工伤人员的管理范围

（1）在工作时间和工作场所，因工作原因受到事故伤害的。

（2）工作时间前后在工作场所，从事与工作有关的预备性或者收尾性工作受到事故伤害的。

（3）在上下班途中，受到非本人主要责任的交通事故或者城市轨道交通、客运轮渡、火车事故伤害的。

（4）对于因上述原因因公负伤的，按照《工伤条例》相关规定执行，对于工伤认定有异议的，需经包头市工伤鉴定中心进行工伤鉴定，并按鉴定等级执行。

（三）非因公或患病人员的管理

（1）在工作期间非因工受伤的，医疗期限最高不超过 3 个月（轻微伤害不享受此待遇），在 3 个月的医疗期内，公司只支付基本工资，超过 3 个月医疗期仍不能从事投递工作的，公司将与其终止聘用协议。

（2）在此期间患病的，病休期间的薪酬待遇按《员工手册》第五章考勤制度相关规定执行。

（四）优秀投递人员的待遇

被评为公司先进个人或在各种竞赛活动中取得前 3 名的，公司将为其投保各类社会保险。

为了丰富员工生活，让公司成为员工的另一个大家庭，包头日报发行公司还组织了多种文化活动，如员工技能大赛，业务知识竞赛，先进集体、个人的表彰活动等。秉持着回报社会的理念，公司还组织了多次献爱心活动，如 2012 年的“爱心棉衣计划”——为贫困学童捐赠棉衣，2013 年的“行动援灾区”大型公益活动等，这些都充分考虑了员工的社交需求、尊重需求和自我实现需求。

第五章　规范化、科学化管理是公司健康发展的质量保障

第一节　报刊发行业务流程的标准化

一、规范化、标准化报刊发行业务流程的必要性

所谓规范化、标准化实际上就是指在尽可能详细的情况下，将每项作业的程序和步骤、危机事件处理、业绩突出的奖励、违规操作和失误的处罚或奖励等具体化和制度化，做到每一个环节都有章可循，每一个决定都有法可依，每一名员工都尊崇标准，尽量减少人为因素的干预。它是当代企业管理的基础和支柱，是企业开展管理创新和技术创新的有效依据，更是企业提高经济效益的有力保障。

对于报刊发行公司来说，规范化可以使复杂的发行业务流程更加简单，流程的规范化可以使每一个具体步骤更加清晰、明确。标准化可以大大提高报刊发行的效率，使每个员工的工作目标更加明确，以制定的标准为参照，达到标准就是完成，达不到标准就是没完成。所以，每一名员工都应该严格地按照标准来办事，提高效率的同时也避免了盲目的工作状态。

所以，报刊发行公司应该对报刊发行业务流程给予足够的重视，不断完善发行业务流程的规范化和标准化，做到两者之间的协调与统一，使每位员工都养成尊崇标准的习惯，只有这样才使发行公司能发展到一个新的高度。

二、包头日报发行公司报刊发行业务管理实例

报刊分发操作流程主要包括收订、缴款、审核、汇总要数、分发、运输、投递等环节。报刊分发是发行公司的一个重要环节，属于发行公司与读者之间的过渡工作。

换句话说，它在两者之间搭起了一座桥梁，做好这项工作对于发行公司很重要。下面从三个方面介绍包头日报社发行公司报刊发行业务的管理条例。

（一）包头日报社报刊分发操作流程及管理办法

第一，分发人员必须按照规定的时间到达分发现场，按照分发组长的安排作业，直到运输车辆将报刊装车后发车。同时还应按照发行部及运输部每周四核定的报刊报数进行分发。分发人员要严格按照总公司制定的《报刊运输分发投递作业管理办法》进行打捆分发，对每周要数的增减数字做到及时调整，确保准确无误，所打的报捆必须上下衬垫，以防止报刊损坏。分发人员对各分公司报刊的零份数也应单独扎捆注明。报刊分发结束后，分发组长与各分公司负责运输的司机还应认真办理好交接手续，在各分公司运输司机认可报刊捆及零份数报刊捆后，由运输部司机在报刊交接签收单上签字交接。

第二，报刊分发组长要对每天报刊印刷结束时间及交到分发组的时间和交给运输车辆的时间认真做好记录，以明确印刷厂的印刷结束时间和报刊分发处理时间的责任划分。对当天所分发的报刊数字承担责任，对错分到其他分公司的报刊捆及错分数字，报刊分发组长应负责进行追查，同时向发行部部长汇报，及时处理。

第三，凡错分报刊但发车前及时进行调整的，不按差错统计。但因分发错误造成当天无法投送的，总公司将按相关考核办法对该分发人员进行处罚。同时，总公司及发行部必须对报刊分发质量进行不间断的抽查，对抽查中发现的各类违章违纪情况应该及时处理，以确保分发工作的正常运转。

（二）报刊运输、分发、投递作业管理办法

第一，对印刷厂报刊分发人员以及各分公司报刊运输人员制定了管理办法。负责运输的人员应在规定时间内，将报刊准确无误地送到各公司各分站，同时分发到各分公司各分站的报刊分发员。各分公司每天的报刊增减数字要有准确记录，并在规定的分发时间内对各种报刊进行分发，并按各个段道进行打捆，装入报刊专用袋，并封口标签。同时在各分公司报刊交接登记簿上标注版别、份数及各种报刊总数，交给各分公司负责运输报刊人员，运输人员应在报刊交接登记簿上签字，并将已封好的各公司报刊袋清点装车，按规定时间将报刊转运到各分公司及分站，确保报刊数字安全准确。

第二，对各公司、分站分发人员制定了管理办法。各分公司、分站要指定专人，对运输人员转来的本公司报刊袋进行接收，数字核对清楚后，在报刊转交登记簿上签字接收。各分公司、分站分发人员对接收的报刊总份数进行清点无误后，按照各段道报刊分发表数字将报刊分发到投递段道内，发行投递人员不得私自抽取报刊。

第三，对发行投递员制定了管理办法。必须清点报刊总份数是否与投递给用户的报刊总数相符；多分到本段道内的报刊也应及时退交给当班分发人员；拿到报刊后因未清点总份数造成数字不符的，应由本人负责；领取报刊后通过清点发现缺少份数并通过分发人员认可的，由各公司负责补报。

（三）报刊分发现场管理办法

第一，严格执行总公司、印刷厂制定的各项规章制度。

第二，穿标志服上岗。

第三，上岗前不准喝酒。

第四，上岗期间严禁吸烟。

第五，分发人员不准私自带报纸离开分发现场。

第六，分发人员不能随意抽取报刊。

第七，执行报刊交接签收制度。

第八，保持分发现场的整洁卫生。

第二节　客户服务信息及时反馈制度

一、及时反馈客户服务信息对报刊发行企业的重要性

及时反馈客户服务信息对报刊发行企业很重要。首先，它能让报刊发行企业及时了解客户对其的满意程度。当然，报刊发行企业在设置客户服务信息时不应简单设置一个类似“对该报纸是否满意”的问题，应该从不同的板块设置，例如标题、图片、排版、新闻内容陈述等。坚持客户满意的板块，改进客户不满意的板块，只有从这些细小的地方出发，才能最大限度地发挥客户服务信息的重要性。其次，报刊发行企业可以从中获取意见和建议。这些意见和建议反映的都是客户最切实的需要和需求，是广大报纸读者的心声。所以提出的意见和建议都是具有建设性的，对报刊发行企业的发展影响很大。最后，客户是报刊发行企业的服务主体，客户反馈的服务信息可以使报刊发行企业的工作目标更加明确，这就体现了“一切以顾客为中心”的原则。如果没有客户的服务信息，那么报刊发行企业就在盲目地工作，不会取得什么实际性的变化。而如果有了客户服务信息，那么报刊发行企业工作的目的性就更强了，工作的重点也就找到了，这样工作起来才会更有效率。

二、改进和提高服务质量

服务质量对于报刊发行公司很重要，它关系到读者能否对该公司产生好的印象。服务质量好的发行公司就可能拥有更多的忠实读者，可以极大地增加公司的利益；反之，则无法培养起更多的忠实读者。所以报刊发行公司应该有一套自己的改进和提高服务质量的措施。

包头日报发行公司为了提升客户满意度，将提高服务质量作为工作的重点，对基础管理、报刊质量管理以及报刊发行质量有更为严格的要求，将做好用户投诉处理作为工作的核心。对于用户的投诉，公司要求信息平台要仔细记录各类投诉问题，并且要耐心解答，要求各分公司在第一时间落实投诉，同时，公司还提出了通过不断改进工作作风提高服务水平，加大对报刊投递质量的检查和考核力度，一切以读者的利益为核心。

三、建立报刊投递服务质量监督考核制度

为了加强对报刊投递服务质量的监督工作，包头日报发行公司分别从以下几个方面出发，建立了一套自己的投递服务质量监督考核制度。

（一）对本公司专职检查员分管部室领导的具体要求

对专职检查员的工作进行督导，按月对其检查记录进行审阅；及时处理影响较大的用户投诉，及时反馈给公司总经理，并协同检查员对责任分公司责任人按相关规定进行考核处罚，并拿出处理意见，将处理结果书面报公司总经理或总经理助理阅示。

（二）对总公司专职检查员的具体要求

配合总公司相关部室负责人进行不定期抽查、检查；对各分公司、分站、报刊投递服务质量实行总负责；要经常对各分公司、发行站进行检查，深入基层并做好检查记录，定期请相关领导审阅；每半年发一次征询用户意见函；检查发行投递员内部服务规范、外部投递质量情况，将相关记录发送到总公司各部室领导。

（三）对各分公司、发行站检查人员的具体要求

对分公司的服务质量进行检查并做好工作记录，检查内容包括内部服务规范、外部投递服务质量、各段道报刊订户。

（四）内部服务规范考核项目

按时到岗，并在投递出归班记录上签字；穿标志服上岗并佩戴工号牌；按规定的报刊分发时间分发报刊；按规定的投递出归班时间统一出、归班；确保报刊投递准确无误；多分发到本段道内的报刊应及时退交分发人员。

（五）外部投递服务质量考核项目

报刊按规定实行定位妥投；同一订户的投诉不得再次发生；详细解答用户的业务咨询；不得违反规定乱收报刊款以外的投递服务费；当天未投出的报刊要及时归还本部并讲明原因。

（六）内部报刊运输分发考核项目

负责运输的报刊人员要按照公司规定的“报刊综合作业时间表”接转报刊；印刷厂分发人员要对报刊进行打捆，并要求各分公司运输人员在交接登记簿上签字；各分公司报刊接发人员要按照公司的规定与运输人员进行报刊的交接签收；各分公司在当日将转运报刊使用的空袋交由运输人员并由其交印刷厂分发人员。

第三节　进一步完善“精细化”管理

一、加强对管理人员的绩效考核工作

包头日报发行公司先从资金管理、业务管理、安全管理、设备管理、服务质量管理五个管理指标出发，将其作为分公司经理绩效工资的考核内容，目的是进一步提高管理人员的工作能力，增强他们的责任意识。与此同时，各部门也制定了相应的绩效考核制度并予以实施。这些措施大大地提高了员工的工作积极性和主动性，而且员工的工作效率也越来越高，无疑对促进整个发行公司的发展起到了很大的促进作用。公司各部门规章制度的完善是实现精细化管理的重要保证，无论是发行投递工作，还是监督检查工作，员工都能够严格按照规章制度执行，确保公司各项业务高效、保质地完成。

二、揽收轻物流快递业务流程的管理办法

轻物流快递业务的目标应该是用最小的成本及时快捷地为顾客送达物件，并满足顾客的其他需求，这需要较为精细的内部管理。

公司设定的具体目标是市区内 1 小时，外围旗县 3 小时之内完成轻物流快送的货物配送业务。为此，将发货地址区分为昆区、市内各分公司及分站，并规定了相应的配送流程和时间限制。规定了分公司应尽的责任与考核办法：未按信息平台发通知取货单位，造成收入流失，按应收费用的 10%承担失职罚款；未按总公司规定收取费用

或降低收取费用的，按损失部分的10%给予赔付，并对配送货车司机未按时取货、未按时送达、货物丢失、交通违章等细节问题做出规定，保证公司轻物流快递业务目标的实现。

三、组织员工学习规章制度

包头日报发行公司在已制定的发行部和综合办公室岗位职责基础上，又下发了《员工手册》，进一步完善了规章制度。为了使每一位员工深刻领会各项规章制度，总公司要求各分公司用2个月的时间专门带领员工学习，每一位投递员手中都有一份复印件，大家充分利用空闲时间进行讨论，相互提问，形成了良好的学习氛围。

四、年底征订旺季时对安全生产及综合业务进行检查

总公司在2012年12月12日至14日组成检查组对所属各分公司和运输部车辆进行检查。通过对各分公司的作业现场安全、投递车辆的安全、分公司内部管理、考勤和归班、征订情况、二级账、文件资料和夹页费的使用情况进行检查。通过对各分公司的作业现场安全、投递车辆的安全、分公司内部管理、考勤和归班、征订情况、二级账、文件资料和夹页费的使用情况进行检查，填写了45份检查记录。在检查中发现了一些细小的安全隐患，例如有三个分公司的电源线不安全，个别分公司员工的考勤没有原始记录，存在出、归班代签字及不签字的现象；个别分公司的文件未按规定存放；有的分公司没有建立赠品领用登记制度。针对存在的问题，检查组下发了10份整改意见单，还对检查中存在违反规章制度的分公司下发了2张违章违规罚款单，对相关人员进行了处罚。在检查中，同时走访了多户订阅单位。

通过安全生产及综合业务专项检查，可以看出，一年来大多数分公司在基础管理工作中取得了明显进步，基层管理工作更加有序。

五、新印刷厂搬迁后报刊运输工作顺利进行

2012年3月包头日报社新印刷厂搬迁到滨河新区，给投递运输工作带来了很大困难，为了做好报刊运输工作，总公司从2月开始重新调配了各车辆的运输线路。由于每天往返增加近百里的路程，运输部要求承担运输报刊任务的司机早上5：30到达新印刷厂，这项工作从3月搬迁以来，没有一次因为车辆运输而影响各分公司报刊投递工作，确保了报刊运输任务的顺利进行。

六、狠抓了投递员归班短信的工作

2012 年全年投递员应发未发归班短信 358 条，仅 1 月就多达 156 条，占全年总数的 40%。为了确保投递员安全投递工作，总公司从 2 月开始给予不按规定发归班短信的人员处罚。从 4 月起，除处罚不发归班短信本人外，连带对投递员所在的分公司经理进行处罚。此举使投递员不发归班短信这一困扰总公司一年多的问题迎刃而解。5 月以来，每月只有个别分公司的极少投递员忘发归班短信，特别是 9 月和 12 月，全部投递员无一人不发归班短信。狠抓投递员归班短信工作的落实，看似简单，却是公司精细化管理的细节展现。

第六章 在全新的体制下，注重业务知识培训及企业文化建设和发展

第一节 文化力是报社发展的主要动力

在市场经济竞争更加激烈的今天，报业媒体的竞争再不能靠运气、靠投机、靠关系，而是要靠经营策略，最终要靠企业文化支撑。

通常我们将企业文化定义为，企业在生产经营实践中、逐步形成的、为全体员工所认同并遵守的、带有本组织特点的使命、愿景、宗旨、精神、价值观和经营理念，以及这些理念在生产经营实践、管理制度、员工行为方式与企业对外形象体现的总和。包括文化观念、价值观念、企业精神、道德规范、行为准则、历史传统、企业制度、文化环境、企业产品等。其中价值观是企业文化的核心，企业价值观从深层制约着企业的价值取向和处世态度，对人们的行为产生最持久、最深刻的影响。企业文化里包含企业的理想、信念和企业追求的发展目标，集中体现了企业的精神。企业文化也是企业的灵魂，是推动企业发展的不竭动力。它有非常丰富的内容，其核心是企业的精神和价值观。这里的价值观不是泛指企业管理中的各种文化现象，而是企业或企业中的员工在从事商品生产与经营中所持有的价值观念。

《企业文化》一书的作者——哈佛大学教授泰伦斯·迪尔曾指出，适应性强的企业文化是强有力的调节手段，是形成竞争力的关键因素。美国哈佛商学院两位著名教授约翰·科特和詹姆斯·赫斯客特合著的《企业文化与经营业绩》一书也表明，“企业文化(特别是当它的力量十分雄厚的时候）会产生极强有力的经营业绩。无论是对付企业的竞争对手，还是为本企业消费者提供服务，它都能促使企业采取快捷而协调的行为方式，也能引导掌握知识者在欢歌笑语中跨越经营的险滩”。中国企业文化研究会常务理事长张大中也曾指出，企业要真正走出一条发展较快、效益较好、整体素质不断提

高、经济协调发展的路子，就必须普及和深化企业文化建设。由此可以看出，企业文化对企业生存和发展产生着重大的影响。

在公司的内部，企业文化作为现代企业管理的重要内容，核心是价值观，集中体现为一定时期内扎根在组织成员的内心深层，是指导组织成员为实现组织目标努力奋斗的核心文化理念。它明确在企业内什么是对的，什么是错的；什么是可以做的，什么是不应该做的；什么是必须提倡的，什么是坚决反对的。良好的企业文化对包头日报发行公司的发展和人才队伍的成长起着至关重要的作用，文化力是报社发展的主要动力，大致有以下几个方面：

（1）导向功能，指导报业公司和成员个人的价值取向和行为，使之与集体的宗旨和目标保持一致，并在发生偏差时引导其向符合整体利益和长远利益的方向靠拢。

（2）整合功能，把员工个人的命运与集团的命运统一起来，强化了每个人对组织的忠诚；统一的价值取向和奋斗目标使组织成员之间相互认同、团结合作，有利于增强员工的向心力和凝聚力。

（3）激励功能，积极向上的价值观以人为本，能激发高昂的情绪和奋发进取的精神，使员工在内心深处产生为集体事业拼搏献身的强烈使命感。

（4）约束功能，企业文化就是“组织气候”，一旦形成就会对每个成员形成强大的从众化的心理压力和动力，使每个人自觉地以组织统一的准则和规范约束、控制自己的思想、心理和行为。所以说，建设良好的企业文化，既是塑造高素质人才队伍的需要，也是加强报业管理、提升报业竞争力的需要。

一个报业发行公司如果没有先进的企业文化，没有适应时代和未来发展的核心价值体系，没有企业明确追求的目标，员工就像一盘散沙，难以形成较强的竞争力。想要建立和谐有效的企业文化，需要报业发行公司全员的积极参与和充分有效的沟通。

下面就报业发行公司企业文化建设的基本途径做一综述：

（1）报业发行公司必须鼓励员工开诚布公地交流和互动，积极听取来自员工的意见，这些来自基层的意见更能代表广大员工的心声，也能更好地帮助企业建设企业文化。

（2）鼓励变革、容忍失败，应成为报社发行公司保持生机与活力的文化土壤。在激烈的报业市场竞争中，报社的发展如同逆水行舟，不进则退，慢进亦退。在此情形下维持原状，从表面上看似乎很安全，其实却潜藏着企业老化、蜕变，最终被淘汰出局的危险。报社是人才密集、知识密集的企业，唯有奋发进取、敢于承担风险和不断开拓创新，才能赢得生存和发展的空间。建设倡导创新的发行公司企业文化，意味着充分相信员工的智慧和力量，愿意为员工施展才华创造条件，同时也愿意为他们创新探索中的失败付出代价。这样的氛围和企业文化可以鼓励员工奋发图强，以积极的态度投身改革，保持永不衰减的创新活力。

（3）建立学习型组织是企业文化发挥长效机制的保障。个体学习、组织学习和学习型组织是三个紧密相关的概念。首先是个人学习，其次是组织学习，最后才能形成学习型组织。在知识经济时代，当我们从知识和学习的角度去考察企业时，就会发现企业活动体现为一系列知识的流动过程，与之相伴的是人们不间断的学习过程。在报业竞争中，只有独辟蹊径才能占据优势，才可能后来居上。报社发行公司要想引领市场潮流，学习和创新具有不可替代的核心价值。突破有碍于报社发行公司发展的思维定式，进而改变人们的观念和习惯做法，充分发掘报社发行公司的潜能，提高报社发行公司的整体竞争力和工作绩效。

在最初的管理科学研究中，管理学家曾经回避企业中人的情感因素，然而在实际生活中每个人都是将感情融入工作中，只有真正赢得企业员工的支持，员工才会心往一处想，劲往一处使，才能增强企业的凝聚力和向心力。员工的潜能一旦都用在了发展企业上，企业就可以取得更大的成就。当人们探究美国硅谷的成功秘诀时发现，硅谷的企业文化是当地众多高科技公司获得成功的主要原因，这种企业文化的核心是提倡自由、进取、乐观、尊重个人兴趣爱好。在硅谷，人们认为公司是共同体，要帮助雇员实现个人理想；管理是服务而不是控制；雇员与经理完全平等，鼓励协作，鼓励冒险，宽容失败；硅谷人以理想为动力，享受工作的乐趣，他们知道实现宏伟目标后可以得到丰厚的经济报偿。在硅谷人看来，改变是事物发展的一种形式，也是适应环境的需要，因此人人渴望变革。实践证明，好的企业文化是无形的生产力，是企业持久发展的动力源泉，报业发行公司的竞争也如此。

包头日报发行公司在组建伊始就十分注重企业文化建设，因为公司领导知道企业文化建设是企业稳定发展的关键，并大力加强了企业文化建设。以“服务热情，及时准确，执行有力，快乐工作”为指导思想，以“通过服务读者，提高自身价值”为企业宗旨，以“通过扩大征订发行市场，推动产业升级，打造包头地区轻物流服务业新形象”为企业愿景，倡导“团结守信，忠诚敬业，吃苦耐劳，积极进取，不断学习，勇于实践，我与公司共同成长”的企业精神。这是包头日报发行公司对自身企业文化的总结。

2011 年 3 月开始，公司结合工作的实际情况，先后筹办了“首届职工技能大赛”、“首届员工综合业务知识大赛”、“网络培训”、“打字比赛”、“歌咏比赛”等活动，使公司上下形成良好的学习氛围，同时也提高了发行投递员的基本技能和业务素质，增强了员工的归属感和凝聚力，进一步培育了企业文化。

第二节 培养“包头日报精神”，党的核心力量是关键

美国著名管理学者托马斯·彼得曾说：“一个伟大的组织能够长期生存下来，最主要的条件并非结构、形式和管理技能，而是我们称之为信念的那种精神力量以及信念对组织全体成员所具有的感召力。”托马斯·彼得所强调的就是企业文化对于企业生存和发展的重要意义。

企业文化的形成是一个长期的过程，一般具有优秀企业文化的企业都具有一定的规模和实力，具有多年的发展历史和经验。

企业文化本身也不是一成不变的，具有时代性特征，随着时代和其他因素的变化而逐渐调整，就像企业战略一样。因此，在企业文化形成的过程中，要根据企业自身的情况对其进行适当微调，保证其符合企业发展的规律。

企业文化的大忌就是妄想全，有人认为，企业文化涉及的越多越大越具体越好，实则不然。因为你不可能面面俱到，企业是发展的，随着时间的变化，企业文化也在逐渐发展变化，不能一守到底。把企业文化限制得过大过全过死，企业的转身就会非常困难。

包头日报发行公司作为一家党报发行机构，也在发展中形成了自己的企业文化和精神——“包头日报精神”。具体来说，就是要让员工在包头日报发行公司有所学、有所为、有归属感，最终实现员工以公司为学校、为军队、为家庭的企业文化。形成以公司为学校、为军队、为家庭的“三为”企业文化，是发行公司在激烈竞争的市场经济活动中逐渐形成的，并根据时代和其他因素的变化逐步调整。

包头日报发行公司的企业文化已经形成并在不断发展，而如何进一步提高员工的凝聚力和战斗力，是摆在包头日报发行公司面前急需解决的又一难题。为此，发行公司领导带领自己的团队，经过了大量的调研和考察，并根据发行公司自身的实际情况，开办了每年一度的“职工技能大赛”、“员工综合业务知识大赛”、“网络培训”、“打字比赛”、“歌咏比赛”等活动。对在各项大赛中取得优异成绩的员工，给予精神和物质上的奖励。这些活动既提高了发行投递员的基本技能和业务素质，又增强了员工对公司的凝聚力，还丰富了员工的文化生活。同时，员工通过参与这些活动，接受企业文化的熏陶，使企业文化在员工中快速传播。

包头日报发行公司作为包头市党报发行机构，党的核心力量是培养“包头日报精神”的保证和关键。2011 年 4 月，包头日报社党委正式批准包头日报发行有限责任公司成立了党支部，广大共产党员在各分公司的不同岗位上发挥着共产党员的模范带头作用，积极推动“包头日报精神”的形成和发展。在这个过程中，不仅有利于形成企业文化和精神，还有利于增强党的凝聚力。

应充分发挥企业党组织在企业文化建设的组织和宣传等各方面的优势作用来建设优秀企业文化，从 2011 年发行公司党支部成立以来，党组织在发行公司中的地位进一步得到巩固，党组织的政治作用得到了极大发挥。同时，在发行公司文化建设上也起到了积极的带动作用，但还存在较大的提升空间，具体来说，有以下几点：

第一，企业党组织领导班子成员要高度重视企业文化建设对企业发展的重大作用和意义，协调企业各类组织，按照在两个文明建设中所担负的责任，以人为本，把企业文化建设作为企业党组织思想政治工作的主战场，形成各方资源融合、共同操作的平台，成为企业两个文明建设快速发展的主要载体。同时，企业党组织要着重在建立企业文化的运行机制上下功夫，建立适应社会主义市场经济要求的企业文化建设，构筑情、理、法相统一，体现用文化氛围激励人、用信念铸造人、用制度规范人的企业文化构架，企业文化与企业思想政治工作互为渗透、互为融合的新的运行机制。

第二，发挥党员骨干的带头作用，塑造企业精神。企业党组织能在企业文化建设中发挥主导作用，离不开一支高素质的党员队伍，战斗在干部群众中的广大党员是党的组织决议和方针政策的贯彻者和落实者，是企业文化建设的中坚力量。广大党员骨干能够以其特有的感染力、影响力和号召力，为企业普通员工提供可以仿效的榜样，并带头实践企业文化的精神、理念和要求，直接体现企业的主人翁精神、艰苦奋斗的创业精神、勇于进取的拼搏精神、尊重科学的求实精神和团结一致的协作精神等。榜样的力量是无穷的，因此，要求企业党组织一方面要积极利用党员队伍的先进骨干力量和先进分子，发挥他们的模范带头作用。另一方面企业党组织也要扩大宣传党员优秀分子和先进典型事迹，使企业广大普通员工学有榜样，以此把企业文化建设的具体要求落实到普通员工的自觉行动上，真正塑造独具本企业特色的企业精神。

第三，做好员工的思想政治工作，营造企业价值观。企业价值观就是企业员工的一种群体意识，员工价值观是企业价值观的基础，员工价值观的主流对企业价值观的形成、巩固和发展起着重要作用。要在发行公司内部大力弘扬以公司“为学校、为军队、为家庭”的“三为”企业文化。

企业之本是人，企业文化管理是人本管理的最高阶段，即对人的意识管理。企业党组织的思想政治工作正是这一要求的具体实践，通过企业党组织的思想政治工作对企业员工的价值观进行导向修正，引导员工树立正确的世界观、人生观和价值观，提高员工的思想道德素质，借以营造和巩固符合社会主义文化和企业领导人要求的企业价值观。具体而言，企业党组织要充分发挥其在企业文化建设的政治优势，坚持不懈地向员工灌输文化价值观念，这也是企业党组织的工作优势。在实际中，包头日报发行公司党支部组织员工多次去红色革命圣地接受洗礼和熏陶，并有多名预备党员在红色革命圣地宣誓入党，同时，还开展了多种生产经营活动、文化娱乐活动、道德教育活动、表彰先进典型活动，向员工灌输和渗透企业核心价值观，使员工明确企业崇尚什么、提倡什么，潜移默化地影响和感染员工的思想和行为，并使他们的思想和行为融合到集体中去，主动接受企业价值观的影响。

第四，以人为本，建立科学的企业文化制度体系。企业文化的一个重要内涵就是企业制度文化，一个企业追求的目标、价值标准、行为规范基本上是通过企业的制度体现出来的。真正制约和影响企业文化差异性的原因，就是企业内部的管理制度。正因为如此，包头日报发行公司制定了《发行部岗位职责制度汇编》、《综合办公室岗位职责制度汇编》和《员工手册》以及相关的企业制度。员工做什么、怎么做，在企业的制度中都有规定。可以说，企业文化建设的过程，也是企业制度健全、规范、落实的过程；企业制度落实的过程，也就是企业文化建设的过程。建设企业文化，不仅仅是企业的领导行为，更是企业的群体行为。全心全意依靠广大员工，充分发挥员工的民主权利，这是社会主义企业的题中之义，也是企业党组织在企业文化建设中的必然要求。企业党组织就是要在企业文化建设中突出以人为本，使党员与广大员工保持密切联系，了解员工的愿望和要求，自觉尊重他们的民主权利，把企业的民主管理和制度体系作为增强企业向心力和凝聚力的主渠道。保证企业党组织在企业文化建设决策中反映群众的正确要求，通过不断自上而下再由下到上反复讨论学习过程从而不断修正企业文化，最终做出符合员工意愿的民主决策，建立科学的企业文化制度体系。

第五，创建学习型企业，提高员工科学文化素质。学习型组织指一个能熟练地创造、获取和传递知识的组织，同时也善于修正自身的行为，以适应新知识的组织。建设学习型企业，绝对不是照搬政策，而是社会文化在企业中的具体体现，是社会发展方向与企业价值的融合。因此，企业党组织应按照建立学习型企业的要求，把自我超越、改善心智模式、建立共同愿景、团体学习、系统思考有意识地运用到企业文化建设的实践中去，以企业的战略目标为全体员工的共同奋斗方向，致力于营造“学习工作化，工作学习化”的良好氛围和机制，开展创建学习型党组织领导班子、学习型党员队伍、学习型员工团队的活动，充分调动全体员工学习的积极性和创造性，着力提高个人和组织的学习力、创造力、竞争力，让每个员工都把自己的理想和企业发展的规划融合成共同愿景，并自觉地为建设现代企业文化和发展企业做出自己的贡献。

第六，开展各种文体活动，充实员工精神生活。开展员工喜闻乐见的各项文体活动是传播企业价值观、企业理念、企业精神和企业道德，推动企业文化建设最直接的表现形式，从而使企业文化的基础得到加强。在开展文体活动时，企业党组织要充分发挥自身的文化宣传阵地优势，要坚持以生产经营为中心，把文体活动与劳动竞赛、技术比武及合理化建议结合起来，以文体活动促进生产活动、坚持寓教于乐，考虑到员工的爱好和需求，通过建立娱乐室、活动室，文艺演唱会等活动，加强对员工的思想、文化熏陶，使企业员工通过这些生动活泼的活动来领会企业文化的内涵，从而在员工中形成对企业的向心力和凝聚力。包头日报发行公司结合公司的实际情况，定期举办各种活动来增强职工的归属感和凝聚力。

企业文化建设是长期的、无止境的。党组织在企业文化建设中要紧密结合企业的发展，在发展过程中不断总结，不断丰富和完善，始终与企业发展相适应，为企业持续稳定发展提供强大的思想保证。因此，包头日报发行公司党组织要牢牢抓住企业文化建设这一要务，根据发行公司所处的不同发展期，不断发挥企业文化在推动企业建设中的指导、实施作用，更好地服务于发行公司的快速发展。

PART THREE 第三篇

多种经营，延伸文化产业链

文化产业已经成长为我国战略性、先导性的产业。文化产业的发展壮大，将提升我国的经济质量和水平，改变目前经济发展的落后模式和方式。但文化产业自身的发展重点也应该作出适当调整，特别是要更注重文化产业发展“边界”的突围。包头日报发行公司通过开展多种经营，力图使文化产业与其他产业融合，实现不同文化产业门类之间的渗透交叉，为文化产业发展注入活力，从而深化行政管理体制，为“十二五”文化产业的繁荣发展贡献力量。

第七章　打破传统运营模式，文化体制改革转制是根本

第一节　摆脱经营旧模式的束缚成为必然趋势

包头日报发行公司主要以《包头日报》和《包头晚报》为主营业务，《包头日报》是包头市委机关报，创刊于 1931 年，每天出对开 4~8 版，是包头市唯一的一张党报，具有极强的权威性、时效性、可信度，是包头市最具影响力的媒体之一；《包头晚报》是包头日报社主办的一张综合性都市类报纸。文化体制改革前，由于受传统经营模式和旧体制的约束而发展缓慢。

报社既是一个以报刊业为依托的经济体，又是一个政治性很强的舆论信息媒体。长期以来，报社受其特殊的体制影响，一般都是实行编委会制。其特点是集党政职能、宣传业务于一体，对采编和经营实行统一领导。长期计划经济下的中国报业，缺乏引进适应市场机制的体制和组织资源，基本是“一个轮子”式办报体制，这种体制在决策重心上，是重办报、轻经营管理，先办报、后经营管理；在决策层的人员构成上，几乎全由采编部门的人员组成，编委会的主要精力集中在办报上，只有一两名成员分管经营和后勤服务工作；在权力运用上，经营管理涉及的人、财、物等权力高度集中于报社领导层；在机构设置上，主管经营管理的经理部，只相当于编辑部中的一个业务部门，干部配备也与编辑部不成比例。应该说，这种体制在计划经济时期是有一定效果的。但是，随着市场经济体制的建立和报业经济的发展，这种一元化的领导体制就显露出它的不足；随着市场经济的快速发展，这一旧体制已经严重阻碍了报社的进一步发展。

当社会主义市场经济的大潮猛烈冲击着各个领域的时候，新闻事业也不可避免地被推向了市场，从根本上看，包头日报发行公司是由包头市委宣传部直接管辖的国有

单位，由于受原有体制的影响，出现了人浮于事、机构臃肿的现象，同时，报社从国家拨款大包大揽体制步入了“自主经营、自负盈亏”的轨道，面临新的挑战和新的机遇。

随着社会的发展和市场经济体制的改革，报业也在这一时代背景下迎来了发展的良机，从而得到了长足的发展。然而就目前报业发展的实际情况而言，报业在发展的同时也面临着严峻的考验。随着市场经济体制的改革，市场的竞争日益激烈，报业同样如此，由于报业的竞争日益激烈，一些不堪承受压力的报业正逐步被时代的潮流所淹没，成为历史。要想报社在激烈的市场竞争中立于不败之地，就必须进行文化体制改革，摆脱旧的经营体制的束缚，并提高报社的经营管理水平，只有这样才能更好地把握新的机遇和迎接新的挑战，促进报社的快速健康发展。

在这个大背景下，包头日报社要实现自身的跨越式发展，把握新的机遇和迎接新的挑战，就必须打破固有的体制束缚和传统运营模式，实现文化体制改革转制是根本。包头日报社引入民营资本，进行文化体制改革，建立健全文化产品生产新机制，成立了包头日报发行公司，包头日报社持股 51%并控股，引入民营资本占总股份的 49%，由民营企业家郝声云同志负责公司经营管理。报社控股的机制确保了国有资产的保值增值；同时，也实现了经营体制的彻底转变，以企业的形式来进一步推进《包头日报》和《包头晚报》的征订和发行工作。

民营资本对市场的敏感度较高，经营的灵活性和多样性使其具有天生的优势。由于民营资本完全是市场的产物，其生存和发展源于市场经济的逐步建立与完善。同时，民营资本的领导者大部分都是业务出身，对市场信息非常关注和敏感，常常会因某个客户的意见而反思企业的经营管理。因此，民营资本在经营管理上具有国企和事业单位所不具备的优势。

包头日报发行公司成立之后，先对传统的发行模式进行了改革，以发行渠道带动相关产业链的发展，推动文化产品改革的进程；同时，积极开展发行公司的多种经营。而报社多元化经营，是指报社除广告、发行、印刷以外的其他经营创收活动。长期以来，大多数报社的经营性收入主要来源于上述三大主业，尤其是广告，其他经济来源则微乎其微。而广告资源的基础受制于国民经济的发展状况，报业广告收入达到一定程度后，实现突破性的增长就比较困难。这样，在进一步加强报社主业的同时，发展多元化经营，摆脱较单一的报业经营局面，打破传统的运营模式，探索多种渠道，分散经营风险，寻求新的经济增长点，就成了必然选择。

包头日报社在打破传统的运营模式和进行文化体制改革中，找到了正确的方向——引入民营资本进行管理和开展多元化经营。首先，引入民营资本充分激发包头日报社的潜力，积极发挥民营资本在市场经济竞争中的优势，在新的文化环境下增强包头日报社的市场竞争力，盘活整个报社。其次，开展多元化经营有利于实现报社的跨越式发展，突破目前大多数报社面临的发展“瓶颈”，积极促进报社“主业”的发展，大力发展与报社相关的“辅业”，以“辅业”带动“主业”，以“主业”促进“辅业”的发展，从而实现报社的快速发展，突破目前的发展“瓶颈”。

只有通过“管理”和“经营”这两部分的改革转制，来打破传统的运营模式，解决传统模式在报社运营和发展中的弊端，建立和完善新的运营和发展模式；同时，更好地促进包头日报社在新的文化环境下的发展和繁荣，使包头日报社这一老牌党报发行机构在文化体制改革的新时期焕发新的活力。

第二节　发挥民营资本在经营管理上的优越性

包头日报发行公司的成立标志着在包头日报社解决了经营体制上的问题，并从根本上改变了公司的管理模式，有利于充分发挥民营资本在经营管理上的优越性。公司的成立改变了原报社党报自办发行时由于体制机制不灵活导致的干部能上不能下、员工能进不能出、成本逐年增加、效率低下以及收入能高不能低、人浮于事、员工老化、“大锅饭”现象严重的被动局面。

由于引入了民营资本，发挥了民营资本在经营管理上的优越性，实行了民营企业化管理模式，使企业真正形成了干部能上能下、员工能进能出和收入能高能低的管理体制。公司实行全员聘用制，对优秀员工可直接提拔到领导岗位上，而对不称职的干部能够及时调整和撤换，这就极大地提高了广大员工工作的积极性，节约了公司的管理成本。但在某些方面，包头日报发行公司还存在一定的问题，这就需要借鉴其他党报成功转企改制的经验，来实现自身的跨越式发展。

综观全国，大大小小的党报数量繁多，它们同样也要面对文化体制改革的问题，有一些党报成功完成了文化体制改革，并且积累了较多的经验，给包头日报社在进行文化体制改革、发挥民营资本在经营管理上的优势，提供了很多借鉴。

其中安徽日报报业集团在文化体制改革和转企改制上走在了前面。安徽日报报业集团于2003年8月12日正式成立。成立以来，报业集团紧密围绕中心，主动服务大局，坚持正确导向，有力引导舆论，加快产业发展，提高队伍素质，事业发展势头强劲。尤其是近几年，高举文化创新的旗帜，锐意改革，在跨洋合作、党报自办发行、

“走出去”办报、新闻网站转企改制等方面不断取得新突破，报业改革走在了全国前列，综合实力大幅攀升。“十一五”期间，集团建设投资达8亿多元，超过报社前50年的投资总和；营业收入和利润增幅连续保持20%以上的增长，成为报业集团历史上发展速度最快、发展质量最好的时期。在其发展过程中，主要有以下几点可以给包头日报社提供借鉴：

第一，与国外大型传媒集团携手合作，互利共赢。早在2008年9月，安徽日报报业集团与南非米拉德（MIH）传媒集团联合组建了新安传媒有限公司。这是安徽文化产业首次引进境外资本项目，也是目前全国唯一一家经中央批准的党报集团中外合作项目，被誉为“跨洋合作的创举”。合作以来，公司业务领域不断拓展，品牌效应显著提升，实现利润递增50%。此外，集团还与美国《侨报》、澳大利亚《华夏周报》、法国《欧洲时报》、南非《太阳报》、新西兰《先驱报》合作，先后创办了5个周刊，每周在四大洲同步出版，有力地宣传、展示了安徽的崭新形象，进一步扩大了安徽在海外的影响力。

包头日报发行公司也可以考虑与国外的大型传媒集团合作，包头处于内蒙古自治区，与蒙古、俄罗斯等国家毗邻，可以加强与这些国家的传媒集团合作，扩大自身在这些地区和国家的影响力，从而实现新一轮的快速发展。

第二，发行体制改革成为党报改革创新的重要突破口。为扩大党报党刊覆盖面和影响力，2009年8月以来，安徽日报报业集团全面整合集团内外发行资源，组建了105个市县级发行站，聘用了4000多名投递员，并精心规划运行线路，多层次开展岗前培训，形成了全省最大的以报刊发行为主体的物流配送网络。2010年，集团在阜阳、亳州、淮南、六安四市成功开展了《安徽日报》自办发行试点，同年，《安徽日报》在全省全面自办发行，实现了党报发行提速增效。

就这一点来说，包头日报发行公司借助了发行渠道的优势，开展了委投报刊业务，2011年全年委投代理投递当地报刊81万份，报纸夹报（夹页）1000万份。2012年全年《包头日报》和《包头晚报》订阅总数为70801份，《包头晚报》的发行订阅量更是达到了历史最高41789份。同时，相关业务也在近几年快速增长，扩大了党刊的覆盖面和影响力。

第三，“走出去”办报、跨区域办报。集团整合省内外资源，逐步形成以《安徽日报》为龙头，系列报刊网站为延伸的品牌媒体集群。近年来，集团与国内多家单位合作，分别在北京、上海等地创办《世界报》、《双语学习报》、《数码娱乐DVD导刊》等报刊，创造了良好的社会效益和经济效益。整体吸纳亳州报业集团，迈出了全面整合市级党报资源的第一步。至此，集团形成“12报、3刊、2网站”的媒体新格局。

通过这三点，安徽报业集团实现了自身的快速发展，并在党报经营管理上取得了转型成功，其中很多方面都值得包头日报发行公司学习。借鉴别人成功的经验，并结合自身的实际情况，找到一条适合自身发展的道路，完成包头日报发行公司的跨越式发展。

如何在报业经营管理方面发挥民营资本的优越性，突破包头日报发行公司的发展“瓶颈”，成了实现跨越式发展的又一个急需解决的问题。

民营资本具有自身的优势，对市场信息的反馈速度较快，在经营上具有灵活性和多样性，能迅速根据市场的变化进行相应策略的调整，同时制定适应市场需求的营销策略。包头日报社通过引进民营资本成立了包头日报发行公司，也正是想利用民营资本的这一优势，来推动党报在新文化环境下的发展。

第一，转变传统运营模式中对待市场的态度，大力开展品牌营销策略。报纸作为特殊商品，在经营中也必须遵循商品经济的一般规律，例如品牌营销是现代营销中重要且行之有效的行销手段。报纸具有一个好的品牌，才可能有较高的信誉度，才可能对广告客户有较大的说服力和吸引力。因此，品牌战略是报纸市场化经营的必然结果。包头日报发行公司的成立标志着转企改制迈出了第一步，这完全不同于传统的发行模式。以公司的形式来推动发行，并接受残酷的市场竞争。通过这种方式进行品牌战略来推动报纸的市场化经营，能很好地贯彻执行品牌营销，避免了传统运营模式中较多的行政干预，极大地提高了营销的效率企业也在竞争中得到了发展。

同时，包头日报发行公司也积极进行了发行模式的改革，以发行渠道带动相关产业链的发展。包头日报发行公司借助已经建立的发行渠道优势，开展了发行模式的创新。一是开展委投报刊业务，仅 2011 年就委投代理投递 81 万份当地报刊以及报纸夹报（夹页）业务 1000 万份；二是开展相关的主题活动来促进报纸发行，2011 年 10 月，在全市开展“旧报换新报，经济又环保，节能又降耗”的活动，回收利用了 10 吨废报纸，可再造 800 公斤报纸，相当于少砍 17 棵大树。这个活动不但可以为节能环保贡献一份力量，还能为读者节约下一年的报刊订阅费，更好地促进报纸的发行工作。这项活动当年回收旧报 160 吨，增加报纸订阅 1000 份。

第二，积极解决“发行悖论”。所谓“发行悖论”，就是发行量与广告量不同步，经营成本与经营效益各自反向发展。在解决“发行悖论”问题上，民营资本具有较强的优势，具体表现在民营资本同样具有资本的逐利性，而发行量与广告量不同步，经营成本与经营效益各自反向发展严重阻碍了民营资本获取较大的利润，因此，“发行悖论”事关民营资本的生存和发展，应竭尽全力解决这一问题。具体来说，一是要把特定的产品或服务销售给特定人群，即有一个确定的受众区域；二是特定的产品或服务有一个地理区域，客观存在一个地理市场，即发行的范围区域。积极优化组合两个区域市场，来促进发行量与广告量同步增长，经营成本与经营效益朝同一个方向发展。逐渐解决“发行悖论”对发行公司经营管理的影响。

第三，充分发挥民营资本在经营管理上的优越性，针对目前党报发行的现状，制定和实施“蓝海战略”——抓住重要区域的主流人群。中心城市和二三级城市是现代工商业中心，是主流人群分布的重要区域，是党报发行的重要市场指向。党报只有通过内容改革扩大对新兴中产阶层的吸引力，才能增加在中心城市和二三级城市的发行。

在如何制定和实施“蓝海战略”上，《南方日报》和《河南日报》提供了可以借鉴的成功经验。《南方日报》拥有地级市、县级市和乡镇三级发行网络，共发行85万份。但事实上，其发行主要集中在广州、深圳、东莞、中山、珠海、惠州、佛山等地，这些地区占总发行量的60%以上，其中，广州9万份左右。这不仅在空间上形成了一个优势影响区，而且城市市场密集、发行成本低，为零售创造了条件。《河南日报》推出了一报两版的新举措，将《河南日报》分为两个部分：一部分在县城以上发行，平均每周七八十版；另一部分在乡镇以下发行，每周二十版。河南是农业大省，《河南日报》却将重心放在县城以上，对包头日报发行公司具有很强的示范意义。

第四，彻底解决党报相对缺乏时间概念的问题。报纸是一种“速度食品”，具有发行时间价值，报纸的生命具有刚性期限——24小时。一方面，只有及时送到读者手中，让读者及时了解所需要的信息，报纸才能体现其价值。当今世界，科学技术日新月异，传媒业竞争日益激烈，公众了解信息的渠道越来越多，对报纸而言，如果发行迟缓，人们通过其他传播途径了解到新闻，那么报纸的价值就会大打折扣；另一方面，做产品同样是做服务，报纸上市时间晚、经常“迟到”，就说明这份报纸的服务差、报社管理水平低。久而久之，读者便丧失了对该报的兴趣，进而抛弃它，这样的报纸势必难以维持下去。所以，时间对报纸而言具有重要价值。同时，党报相对缺乏时间价值概念，主要是因为政治宣传功能强而新闻时效性要求低，计划发行体制很少考虑受众的态度。“只要送到就行”，没有考虑信息传递竞争的本质是时间。在媒介稀缺的时代，受众只对党报产生阅读预期，但在信息便捷的时代，党报“迟到”意味着在提供政策服务方面失去了先发优势。包头日报社通过引进民营资本，激活了竞争的体制，以公司的形式参与市场竞争，改革创新了发行体制，使党报走向市场，遵循市场发展的规律，能够很好地解决报纸的时间价值概念。同时，包头日报发行公司一方面要通过更新理念、调整内容结构，来增强对目标市场的影响力；另一方面在巩固优势影响区、拓展增量区订阅市场的同时，要根据自身特点，在党政机关区、高校区、金融区、高新技术开发区等地理市场建立自己的零售网络，牢牢控制终端，从而扩大党报的覆盖面和影响力。

总之，通过成立包头日报发行公司，引入民营资本，包头日报社取得了快速的发展，盘活了公司的经营管理，激发了全体成员为发行公司奉献的活力。

通过发挥民营资本的优势，改变了公司的管理模式和原有的体制机制，实行了民营企业的管理模式，彻底激活了发行公司经营管理的活力。

通过发挥民营资本的优势，还创新了发行渠道，除保住党报在行政机关的阵地外，还把发行重点放在了非公有制企业、沿街底店和社区居民上，使得党报的发行结构更加合理，同时公司与市区 600 多个便利烟酒超市签订合作协议，代售《包头日报》，使《包头日报》快速走进市场，扩大了党报的覆盖面和影响力，也提高了企业的销售收益。

第三节　开展多元化经营是文化体制改革的必然选择

报业的多元化经营是指报业除经营报纸这一主业之外，涉足其他多个产业领域，同时经营多项不同业务。就目前形势来看，我国大多数报业集团都正处于转型发展之中，由于新的文化环境的冲击，报社的发展遇到了“瓶颈”。而解决这一“瓶颈”就需要报社在加强自身主导产业核心竞争力的同时，开始进行多种经营。主要方式包括“报业产业同心多元化经营，报业产业纵向多元化经营，报业产业跨行业经营”，并以“主业”带动“辅业”发展，同时，以“辅业”来促进“主业”的发展。

报业的同心多元化主要是指报业集团充分利用自己在报业领域上的优势，以报纸为圆心，积极生产与报业技术相近的不同产品，如包头日报发行公司正在做的报纸夹页、DM 广告，使报业的产品种类不断向外扩展、向多品种方向发展。有利于扩大与原有市场相关的市场，风险较小，成功率较高。

报业的纵向多元化主要是指报业集团从事与业务范围相关的经营活动，如包头日报发行公司正在积极打造的轻物流业务。纵向多元化除了消耗企业自身的一些资源以外，由于共同分摊，还能节省许多单位产品的开支，增加市场上的竞争力。

报业的跨行业经营主要是指报业集团依托自身的优势在其他行业扩散业务，开拓新的经营领域，可以充分利用自身的人、财、物、技术、时间和信息等资源，最大限度地开拓市场，提高经营能力。例如由包头日报发行公司牵头，促成包头日报社和包头市育才幼儿园合作，将包头日报社废旧的印刷厂改建成包头日报社幼儿园（育才分园），并整合了相关的资源。同时，又与内蒙古知名企业金骆驼酒业公司合作成立了包头市鹿鼎酒业公司，该公司作为包头日报社旗下从事酒类销售的实体公司，积极尝试报社的非报业产业发展。这些都是跨行业经营的有益尝试，而且目前都取得了不错的成绩。

报业集团进行多元化经营的必要性。总的来说，知识经济兴起后整个报业的管理体制和经营方式都发生了深刻的变化，报社长期以来形成的重采编、轻经营的思想导致的经营内容单一、经营方式陈旧、经营水平落后等矛盾不断突出，而这一多元化经营能促进报业集团的快速发展。

报业集团进行多元化经营，具体表现在三个方面：

（1）为分散经营风险，改变收入结构、盈利模式单一的局面。在市场经济条件下，任何产业的发展都具有一定的周期性；同时，任何经营项目也存在一定的风险性。因此采取多元化经营，在多个市场上从事经营，可以有效减小经营风险，保持相对稳定的经济增长速度。报业的收入主要是来源于广告，而中国报业的主要经营方式、盈利能力也都更为集中地体现在广告经营上。这种广告“厚报”模式，使得报业陷入这样一个局面：报纸发行存在亏损，并且发行量越大，亏损越多，而这个亏损又需要投放广告来补偿，这又使得成本上升，形成恶性循环。而目前的广告收入不确定因素太多，同业竞争、电视广告、网络甚至手机报等多种媒体的竞争，使得稳定的广告客户来源也不容易获得。因此，这些都使报社面临极大的经营风险，通过多元化战略可以使报社摆脱这种困境，变被动为主动，当广告收入受挫时，还有其他产业能够支撑报业经营，起到以丰补歉的作用。但这种经营策略必须以主业经营稳固为前提条件，能够为多元化经营提供充足的资源，否则不仅不能成为主业的有力补充，还可能成为主业的包袱。

（2）报业集团具有多方面优势以开展多元化经营，有可能获取超额利润。报社在新闻传播活动中客观公正、认真负责，且是伸张正义的社会舆论机关，从而树立了良好的社会形象，有较高的商誉，从而使得其与其他经济领域的合作有了可靠的基础；报社的信息灵敏，市场经济靠的就是这种信息，报社可以从中及时发现有发展前途、良好市场前景的经营项目；报社拥有自己的广告媒体，从而可以节省一大笔市场开发费用。除此之外，报社从事多元化经营还有一些其他优势，例如报社拥有实力雄厚的智囊团；有众多的广告客户资源；同时根据国家现行政策，报业属于精神文明建设需重点扶持的部门，在经济上享有诸多优惠政策等。这些都使报社开展多元化经营处于非常有力的地位。因此，报社需要充分抓住现有机遇，为今后的发展打下基础。

（3）报业集团多元化经营为发展报业集团积累经营经验，实现可持续发展。开展多元化经营，使得企业同时面临多种产品和多个市场，这要求报社建立起一套良好的经营机制，协调各种供需矛盾，同时也要求报社培养出一批经营人才以担此重任。而集团化发展又是报业经营的必然趋势，只有这样才能改变报社产业结构、盈利结构单一的局面，通过集团下属各实体的相互支撑与补充，抵抗各种外来冲击，分散风险，从而获得报业的可持续发展。

同时，目前我国传媒行业在发展中存在几个突出的问题：产业规模较小，集中度低，市场分散；条块分割严重，行政壁垒森严，区域市场封锁，无法通过市场手段优化配置媒介资源；产业结构单一，盈利模式单一，缺乏跨行业投资经营的支撑，抗风险能力薄弱。采取多元化经营策略有利于解决我国传媒行业目前面对的三个突出问题，使得报业资源能通过市场手段来完成优化配置，提高报业集团自身的市场竞争力。因此，多元化经营成了报业集团实现快速发展不得不做出的选择。

综观全国其他报业企业，其开展的多元化经营具体包括印刷、广告、发行、物业、物流等，主要集中在纵向多元化发展上，主要有直递广告、地铁传媒、报刊批发、印务中心等业务。接着就是跨行业的非相关经营，参与范围有房地产、资源回收、旅游、酒店等行业。基本上涵盖了报业集团所能涉及的行业，也为包头日报发行公司实行多元化经营提供了借鉴和参考。

包头日报发行公司自 2010 年 8 月成立以来，就根据自己的实际情况开始了多元化经营的探索之路。发行公司领导明白：在多元化经营的道路上，应该先进行的是相关多元化战略，而不是先实施不相关多元化战略。只有在相关多元化已经完全确立了其不可动摇的市场地位以后，才能逐步进行不相关多元化。在实施不相关多元化战略时，必须在“营造核心竞争力”和打造“拳头产品”的基础上，科学选择时机和切入点，然后集中资源，依照“延伸—扩张—再延伸—再扩张”的模式循序渐进。实施多元化不可能一蹴而就，只有具备足够的实力，才可多头作战。

因此，包头日报发行公司在成立之初，公司的重点还是放在报纸发行上。同时，也由于受自身实力的影响，在多元化经营上也是小心翼翼地探索。经过一年的发展，巩固了自己的主业，2011 年全年《包头日报》和《包头晚报》的征订量突破了 6 万份的大关。

正是在发行公司主业得到巩固的基础上，公司主要领导决定乘胜追击，实施相关的多元化战略。于 2011 年 3 月利用自身传媒的优势创办了公司自己的 DM（直接邮递广告 Direct Mail Advertising）广告报《新包报》。

包头日报发行公司之所以选择 DM 广告作为多元化经营的突破口，是因为发行公司在 DM 广告上具有无法比拟的优势。较强的信息优势使得报社在收集信息中具有得天独厚的优势；传播范围广，因为有一群稳定的受众，订阅报纸的读者作为稳定信息的受众，能够更好地促进DM广告的推广；设备优势，可以直接借用报纸印刷设备制作DM广告，不会增加额外的成本；信息的传播速度较快，DM广告可以随着《包头日报》和《包头晚报》同步发行，这就提高了DM广告传播的速度，增强了报社制作DM广告的竞争力。总的来说，发行公司自办DM广告拥有其他公司所不具有的核心优势。

在DM广告收到良好效果的同时，发行公司领导决心进一步推动发行公司的多元化经营，积极实施不相关的多元化战略。2012年4月，包头日报发行公司为响应国家文化体制改革探索的号召，进行跨行业经营的探索。同时，也是为了解决包头市一部分适龄儿童入园难的问题，决定与包头市最有影响力的育才幼儿园合作，将包头日报印刷厂改建为一所幼儿园。在幼儿园的经营管理上，包头日报发行公司只负责投资和硬件上的工作，建好校舍和相关装修，而育才幼儿园负责软件上的工作，委派和培养老师，对入园的儿童进行教学等。充分发挥了各自在擅长领域的优势，实现了强强联合，共同建好这所幼儿园。2012年6月，包头日报社幼儿园（育才分园）开始筹建，并于当年8月正式开始招生，首批招生近200名，7个班。此项工作得到了包头市委领导的认可，也得到了市妇联的大力支持。通过合作办幼儿园，包头日报发行公司迈出了多元化经营的第二步，并取得了较好的社会效益和经济效益，在社会上提升了包头日报发行公司的名誉和声望，更好地促进了包头日报社品牌战略的发展。

通过DM广告和合作办幼儿园，包头日报发行公司的多元化经营进一步深入发展，但是仅仅靠这些还是不够的。有了跨行业合作办幼儿园的成功经验后，为了进一步推动包头日报发行公司的多元化经营，公司领导经过大量调研并结合自身实际，决定利用发行公司在渠道上的优势，进军白酒行业。2012年10月，包头市鹿鼎酒业有限责任公司成立，该公司是包头日报社旗下专业从事酒类销售业务的实体公司。包头日报发行公司自身的报业发行渠道遍及了全市的大部分地区，利用这一优势可以很好地推动酒类产品的销售。公司不满足于做好酒类销售工作，2012年9月发行公司与内蒙古金骆驼酒业共同联合研发了三种金骆驼新型品牌白酒，全方位进军白酒行业，借助自身的发行渠道在全市3000多个名烟名酒店进行推广促销，取得了很好的经济效益，促进了包头日报发行公司的快速发展和效益的提高。

包头日报发行公司并没有停下多元化经营的脚步，继DM广告、合作办幼儿园以及进军白酒行业之后，公司通过深挖自身潜力，决定依托覆盖全市的渠道优势，于2012年6月启动了轻物流快递、电子商务和企业商品配送的业务。充分发挥自身的潜能，不断开拓新的市场。由于自身得天独厚的发行渠道优势，在2012年下半年，一共完成了78笔业务（其中外埠8笔，市内70笔），同时还大胆尝试同城快递业务。通过积累轻物流快递业务的经验，为公司下一步进军物流业积累了经验。同时也为进一步推进多元化经营打好基础。

通过自办发行和多元化经营，包头日报发行公司扩大了规模，同时还建立了适应多元化经营的组织结构，有利于今后深入推进发行公司多元化经营发展。还加强了发行公司内部资源的整合，以获得更好的协同效应。多元化经营也在一定程度上培养了发行公司内部多元化经营的人才，为公司下一步发展提供了人才储备。

第八章　要实现“造血”，前期“输血”是必要保证

第一节　改革从来都不是一帆风顺的，要充分认识困难

报社要想在新的文化环境下实现跨越式发展，就必须充分认识当前的形势，摆脱传统运营模式的影响，积极推进文化体制改革，促进自身实现新一轮的发展。但是改革从来都不是一帆风顺的，要充分认识在改革过程可能遇到的各种困难。就目前来说，报社进行改革的主要困难集中在体制改革目标不清晰、体制改革动力不足和市场化运作能力不强。

改革目标不清晰主要表现在报业集团体制改革的战略目标不清晰。战略是一个组织长期、整体的目标和策略。报业集团体制、机制创新是从“摸着石头过河”起步的，这一原则在改革初始阶段曾经发挥了很重要的作用。但是当改革走向攻坚阶段，零敲碎打、没有明确的战略目标往往使改革出现迷惘，甚至出现很多不能解决的问题。改革目标不清晰的主因在于现有报业集团的管理体制存在管理者、实施者发展愿景不一致、改革决策多层分离的情况。政府支持报业集团产业化发展，但更看重其社会教化功能。报业集团出于市场竞争需要，会更多地在产业拓展领域着力。报业集团所处的探索阶段以及其管理层的行政化、任期制等特点也给改革目标的设计和稳定带来了不利影响。改革目标不清晰也严重影响了报业发行改革的深入推进，造成了改革的严重困难。

改革动力不足主要是由于报社特殊的市场主体的身份决定的。报业集团体制改革在某种意义上是政府部分权力的主动让渡。但在体制政策突破、市场主体身份明确等问题上，政府明显表现出动力不足。报业集团体制采取增量改革模式，增量部分的改

革表现积极，存量部分的改革则相对迟滞。报业集团管理层激励机制不完善，造成改革政策执行者动力不足，这些问题的存在使得报业集团改革的时间表并不明朗，最终使得报社在改革时缺乏所必需的动力，影响到改革的效果。

市场化运作能力不强是报社在长期垄断经营中积累的弊端。长期以来，报社的报纸发行在我国处于垄断地位，对于市场运作和经营不需要过多重视就能达到较好的经济效益。但随着新兴媒体的发展和政府对传媒行业的开放，传统的运营模式已经不能适应市场的需要，而在新的文化环境下，报社自身的市场化运作能力不强，这也严重阻碍了报业发行改革的进一步推行。

针对报社在改革中遇到的三个主要困难，大多数报社采取了相应的措施来积极应对，即实现彻底的企业化并对报业的机制进行创新。引入民营资本和外来资本，对报业进行转企改制，以公司和集团的形式来经营报社。在这个过程中，明确了报社在改革时的目标，强化了报社发展的战略目标。在进行转企改制时，要进一步搞清楚一系列关系，例如报社是企业还是事业单位，是党报还是市场化报纸？在这方面，已经有了很多有益的探索，例如有的报社已经在实行企业化经营，有的报社经国家允许实行了中外合资。这些都是考虑到报社自身和中国的国情，通过相关措施来使改革的目标明确。通过明确报社的市场地位来提升改革的动力。通过“产权制度变革”明确报社的市场地位，减少行政干预，同时平衡“增量改革”和“存量改革”，提高改革的动力。针对市场化运作能力不足的困难，主要对策是摆脱传统运营模式的影响，并通过开展多元化经营积累市场化运作的经验，同时引进相关市场化运作的人才来共同推动报社市场化运作能力的提升。

包头日报社在改革中既存在全国报社所共有的普遍性困难，又存在自己独有的特殊性困难，而如何很好地解决相关困难成了包头日报社实现跨越式发展的障碍。就目前来说，包头日报社在改革中遇到的困难主要表现为产权制度不明确、制度架构不健全、经营结构单一和市场化运作能力不强。

针对这样的现状，包头日报社领导于2010年引入民营资本，成立了包头日报发行公司，由民营企业家担任公司的总经理。发行公司由包头日报社控股，这样就很好地解决了包头日报社在产权制度上的问题，解决了长期以来困扰包头日报社发展的体制、机制问题，激发了发展的活力和动力，更好地促进了自身发展。当然，产权制度明确之后，随之而来的就是新成立的发行公司的制度架构的问题，由于包头日报社长期以来是以事业单位的形式存在，其经营和管理模式无法满足目前包头日报发行公司发展的需要，因此需要对发行公司的制度架构进行构建和完善。而如何构建的难题就摆在了发行公司总经理的面前。为此，发行公司经过大量的调研研究，并借鉴全国其他报社的成功经验：

（1）在发行公司内部建立现代企业管理制度，现代企业制度是最科学、最有效、最能适应市场经济规律的企业制度。同时使发行公司可以按市场需求组织报纸的生产经营活动，也可以建立科学的企业领导机制和组织管理制度，调节公司内部的各种关系，形成激励和约束相结合的经营机制。因此，现代企业制度为发行公司的进一步发展打下了坚实的基础。

（2）将采编与经营分开。深化改革，在机制上逐步把采编与报业经营分开，真正使报社既是宣传阵地又是经营实体。让报业经营走向市场，使采编和经营成为报社的两翼，平衡发展。同时包头日报作为党报的特殊性，还要求以体制和机制创新为重点，建立健全党委领导和法人治理结构相结合的领导体制，完善宣传业务与经营业务分开的管理体制，按照发展公益性文化事业和壮大经营性文化产业的指导原则，不断创新党报集团运行机制，全面增强党报影响力，提高党报集团竞争力。

（3）在经营结构单一和市场化运作能力不强的问题上，采取了多元化经营的发展战略和市场化运作的人才策略。多元化经营有利于分散报社的风险，优化报社的经营结构，也真正使报业的发行走向市场竞争。发行公司在公司领导的带领下，积极开展多元化经营战略，利用自身在信息传播和受众广大上的优势，创办了自己的DM广告《新包报》，丰富了自己的产品线；合作创办了幼儿园，涉足教育领域；跨行业进军白酒市场，并与内蒙古知名酒企金骆驼开展合作；根据自身的实际情况，利用发行渠道的优势，涉足轻物流快递业。这些举措使得发行公司实现了多元化经营的战略，也能广泛参与市场竞争，不断提高自身的市场化运作能力。同时，通过公司的人才引进，公司在多元化经营和市场化运作上占得了先机，在这个过程中，也为公司培养了不少这方面的人才，这些都为公司的下一步发展提供了人才的储备。

总之，包头日报发行公司围绕自己制定的各项经营目标，解放思想、开拓进取、扎实工作，巩固发行根基，并在确保根基稳固的同时，大力发展多元化经营，实现了自我“造血”。通过这些举措，解决了公司成立初期存在的架构组建不完善、人员配备不完善、经营结构单一和市场化运作能力不强的问题。同时也使得报社的发行工作从事业体制中剥离出来，并在发行公司管理者的领导下增强了自身的能力，快速适应了市场环境，并充分发挥了自身优势，实现了包头日报社改革的首要目的——让发行“脱贫”，也为发行公司的下一步改革发展奠定了坚实的基础。

第二节　促进“造血”和“输血”的双向互动

任何改革都离不开政策的支持，政策支持也是改革能否成功的关键保障，报社的转企改制也是如此，需要一定的政策支持。国家和地方都在政策保障上下足了功夫。2008 年发布的《国务院办公厅关于印发文化体制改革中经营性文化事业单位转制为企业和支持文化企业发展两个规定的通知》（以下简称《通知》）对配套政策支持作出了系统全面的要求。中宣部、财政部、国家税务总局、海关总署等有关部门根据通知的要求作出了具体的政策安排。虽然该《通知》在具体改革实践中尚需要根据需要做进一步的具体化，但其在配套政策支持方面做出的探索具有典型示范意义，为以后在其他各行业领域和全国范围内推开转企事业单位改革提供了有益的经验。

之所以要进行文化单位的转企改制，从国家层面上来说，新中国成立初期，我国实行的是计划经济体制。在文化管理上，实行的是一套与计划经济体制相适应的文化事业体制和运行机制。虽然在特定时期这种体制对文化的发展发挥过重要作用，但随着改革开放的深入和我国社会主义市场经济地位的确立，传统文化体制的弊端表现出来：文化事业高度意识形态化，所有制单一化，文化机构行政化，管理体制、运行机制僵化。造成文化管理中出现党政不分、政事不分、政企不分、管办不分的现象；造成我国文化产品和服务的战略性短缺，影响了我国的文化安全，甚至影响了产业结构的合理配置和升级，形成体制性障碍。文化体制的改革成为解放我国文化生产力，实现文化的现代化生产、供给方式的必要条件；进而成为我国深化社会主义市场经济体制改革，全面落实科学发展观，建立社会主义和谐社会的重要组成部分。要顺利进行文化单位的转企改制，就需要政府从国家角度做好相关的政策支持，促进文化产业的转企改制，使其更好地适应市场发展的需要。从地方层面来说，也需要加大对于文化单位的政策支持，使其顺利度过改革转型期并不断壮大和发展，这有利于促进地方经济的快速发展。

2010 年包头日报发行公司成立以来，得到了内蒙古自治区党委、包头市委市政府和市委宣传部等上级部门的大力扶持，并给予了一些政策上的优惠。这些政策主要表现在，通过政策资源的适度倾斜可以克服发行公司在改革过程中的障碍性因素，并为转企改制后的发展提供有力支持，保证发行公司的改革一方面能够适应社会变革的需要进而积极推进，另一方面又能够避免改革过程中的社会政治风险，使改革能够稳妥地展开，同时积极推进包头日报社改革的配套建设。因为在包头日报社改革时，涉及国有资产产权的变化、单位组织运行机制变革、职工身份变革、分流安置、收入分配、社会保障从事业单位退休金向企业养老保险的转换等改革性问题，需要加强政策对配套建设的关注。

借助国家和地方的相关政策保证，包头日报社的改革顺利进行，成立了包头日报发行公司，以公司的形式来组织报纸的发行工作。在这个过程中，发现改革的顺利推进离不开强有力的政策支持，只有通过转变机制，报社才能成长为具有较强竞争力与品牌影响力的传媒企业。改革是一场深刻的利益关系调整，能否兼顾改革对象的切身利益，将直接决定改革的成败。在改革中求发展，发展又为深化改革积蓄了巨大能量。从根本上说，改革本身不是目的，发展才是目的。

包头日报发行公司的成立使传统的发行工作从事业体制中剥离出来，并广泛参与市场竞争，提高自身的能力，使自身具备“造血能力”，但在实现“造血”功能之前，需要相关政策作为保证。

相关政策保证了包头日报社体制改革的顺利进行，并通过最近三年的快速发展，包头日报发行公司把握了文化体制改革的发展趋势，完成了转企改制。从根本上改变了公司的管理模式。通过改革，使得发行公司在市场环境下快速发展，并充分发挥自身的优势，扭亏为盈，基本具备了“造血”能力。对于包头日报发行公司来说，“输血”和“造血”同等重要，国家和地方的政策支持保证了前期“输血”的顺利进行，在国家和地方提供的优越大环境下，保证了包头日报社改革不会被扼杀在摇篮之中。而“输血”的主要目的是完成“造血”，前期的“输血”主要是为后期发行公司发展起来后“造血”做准备的。通过文化体制改革，激活了包头日报发行公司的体制，提高了公司的活力，完成经营体制和模式的改革，形成多种经营的格局。公司通过近三年的发展，已基本上形成了以报业为主，涉足幼儿园教育、白酒和轻物流快递多元化经营的格局，实现了快速发展，也完成了前期“输血”的目标，具备了“造血”的能力，实现了“输血”和“造血”的双向互动，更好地促进了发行公司的发展。

第九章　开拓新市场，打造包头市一流的发行物流团队

第一节　发挥自身优势，围绕报社特点开拓新市场

包头日报社通过转企改制，建立了包头日报发行公司，激活了发展潜力，改变传统的经营模式，实现了多元化经营战略，为了进一步促进发行公司的发展，还需要认清自身的优势，不满足于目前取得的成绩，围绕自身的特点积极开拓新市场。就目前包头日报发行公司来看，其优势主要是资源上的，主要包括信息资源、客户资源、受众资源和品牌资源。

信息资源主要体现在：包头日报发行公司的主业是报业，而报业的本质特征就具体体现在信息的灵敏性和收集的快速性上。由于信息具有不对称性，这就更加体现了报社在信息资源上的巨大优势，使得报社成为各种信息的集中地，尤其是本地信息的集中地。包头日报发行公司围绕这一信息优势，将信息传递给需要的人，在这个过程中既能实现信息的价值，又能扩展报社的收入渠道，开拓与之相关的新市场。例如，在报纸的彩页部分，推广包头本地商家的新产品或者新活动，积极开拓信息资源优势的新市场。

客户资源主要体现在：在目前的形势下，订阅报纸的读者就成为报社的客户资源，发行公司可以对这部分客户进行市场细分，就包头地区来看，2014 年在党报工程覆盖下，《包头日报》的征订量达到了 5 万份，《包头晚报》的征订量达到了 4.3 万份，这部分客户量是相当可观的，同时也基本涵盖了各行各业的人群，因此开发和客户资源相关的新市场的潜力巨大。

受众资源主要体现在，报纸主要是传递新闻信息，在这个过程中接受信息者就被称为受众，2014 年全年《包头日报》和《包头晚报》的征订量加在一起有 9 万多份，这

样包头日报社受众数量也是相当多，而更好地利用好受众资源是报社在下一个阶段需要重点做好的工作。

品牌资源主要体现在：由于包头日报社是包头市党报的发行机构，在社会上具有一定的知名度和信誉度，在长期的发展中积累形成了一定的品牌效应，会在人们心中产生一定的认同感，而在市场化深入发展的今天，这种认同感难能可贵，因此，包头日报发行公司要借助这种品牌效应，积极开拓与之相关的新市场，扩大报社的生存空间，促进报社更好地发展。

因此，包头日报发行公司应清楚认识自身的优势和劣势，扬长避短，积极发挥自身的优势，并结合自身的特点和相关的产业，不断开拓新市场，实现高层次的多元化经营战略。

综观全国的报业集团，除了积极巩固自己的主营业务以外，大多都在积极开拓新市场，促进自身在新文化环境下的新一轮发展，就目前来说，报业集团可以开拓的新市场主要从“跨媒体、跨地区、跨行业”三个方面来实现。而开拓新市场能给报业集团带来诸多好处。首先，在传统报纸竞争日趋激烈的“红海”中，找到新的经济增长点，新市场还处于发展阶段，属于“蓝海”，开拓新市场可以避免在“红海”中厮杀，促进报业集团整体效益的提高。其次，能够更好地发挥报业集团自身的优势，整合自身资源以充分参与市场竞争，发挥市场在资源配置中的基础地位，提高自身市场化运作的能力。在进入新市场发展的同时，也为报业集团积累相关的经营经验，可以建立和完善一整套经营机制，实现可持续发展。最后，报业集团进入新市场可以分散报社经营的风险，为报社主业的发展注入新鲜血液，从而使整个集团保持相对稳定的增长速度和巩固报业集团转企改制的成果。

包头日报社通过转企改制激发了体制机制的活力，通过四年多的发展，发展势头良好，主业得到了极大的巩固并有所发展。与此同时，促进自身更进一步的发展和开拓新市场成了下一阶段的主要任务，借鉴目前全国其他报社的经验，主要是从“跨媒体、跨地区、跨行业”入手完成这一任务。

包头日报社作为包头地区历史悠久的党报发行机构，具有较强的地区影响力，针对这一优势，包头日报发行公司积极筹办了自己的门户网站，借助互联网平台实现了《包头日报》和《包头晚报》的在线阅读，充分发挥了“数字报业”和“网络媒体”的全球化、实时性、分众性、原创性、交互性、无障碍性、个性化，通过建设包头日报门户网站，提高用户的点击率，从而吸引更好的本地商家以赚取广告代理费用，开拓新的经济增长点。

随着个人移动电话的普及和移动电话功能的多样化，包头日报发行公司看准了这一趋势，大力推进了“手机报”的建设，方便了广大用户随时随地阅读新闻，同时也培养了大量的客户群体。通过与本地商家合作，进行广告推送，做大做强了报社的广告市场，各种媒体的融合是未来发行公司要关注的新趋势。

通过门户网站和手机报等跨媒体建设，包头日报发行公司将报社的广告市场这个“蛋糕”做大做强，使广告收入不仅仅局限于纸质报纸本身，还找到了报社未来发展的新方向。

针对跨地区而言，包头日报发行公司不具有较强的优势，《包头日报》和《包头晚报》具有地域性，就目前的形势来看，发行公司为了在跨地区上做好文章，2013 年 5 月，在全国范围内诚邀轻物流公司合作，在包头地区开展代理轻物流快递及揽收业务来实现跨地区的发展，取得了一定的成效。公司正在布局未来公司轻物流发展的方向，打造包头市一流的发行物流企业。

包头日报发行公司早在成立之初就开始了跨行业开拓新市场的步伐，经过一年的筹划，于 2012 年进军幼儿园教育事业，与包头市知名的育才幼儿园合作，建立了包头日报社（育才分园）并取得了较好的社会效益和经济效益，得到了包头市市委、市政府相关领导的认可，同时也得到了包头市妇联的大力支持。2012 年 6 月，公司根据自身在报纸发行渠道上的优势，开展了包头市内的轻物流快递、电子商务、企业商品配送业务，同时还大胆尝试了同城快递业务，为公司积累了大量物流行业的经验，并为公司下一步进军物流行业做了准备。这还不是发行公司跨行业开拓新市场的终点，2012 年 10 月，公司看准了迅速发展的白酒市场，成立了包头市鹿鼎酒业有限责任公司，专门从事酒类销售，同时还与包头市知名酒企金骆驼合作，利用自身的渠道优势，在全市 1000 多个名烟名酒店进行促销，取得了较好的经济效益。

包头日报发行公司针对自身独特的优势，积极从“跨媒体、跨地区、跨行业”入手开拓新市场，扩宽企业的生存空间，积极寻找新的利润增长点，分散公司的经营风险，采取多元化经营并加强了对于新市场的开拓，取得了较好的效果，不仅提高了公司的销售收入，而且取得了较好的社会效益。在开拓新市场的同时，也为公司积累了大量市场化运作的经验，为公司下一步快速发展奠定了坚实的基础。

第二节 延伸文化产业链——轻物流快递业务将成为未来的发展方向

为了进一步促进包头日报发行公司的快速发展和延伸文化产业链，发行公司领导在经过调研和借鉴全国其他报社的成功经验后，决定充分挖掘发行公司覆盖包头市的报纸发行网络和渠道，大力发展轻物流快递业务，把握新形势下的机遇，促进自身实现跨越式发展。

在物流业中，轻物流又被称为“最后一公里物流”，与顺丰、申通、德邦、圆通等全国专业的物流（快递）公司的业务侧重点不同，轻物流主要提供城市内部 A 点到 B 点的物流配送，追求的速度最快、效率最大化，这就需要较强的覆盖网络和渠道。而报社正好具有较强的报纸发行覆盖网络和渠道，很好地适应了轻物流行业的需要。

轻物流具体来说是指规范化、专业化、现代化的轻型城市物流，是为城市终端需求服务的、以轻型快捷运输为特征的道路货物运输。主要以商业配送、快递运输等经营为主，城市轻物流不仅是物流体系中不可或缺的一个环节，同时也是完善物流体系的“最后一公里”，是“离老百姓最近”的物流环节，与普通老百姓的生活密切相关。同时，我国大部分物流公司的业务都是“将货物从一个城市送到另一个城市”，尚未真正延伸到“末梢”，具有较大的市场空白。而轻物流这种物流服务是配送、仓储、搬运、安装、代收货款、采购物流等多方面的集合体，需要通过整合资源，来承接其他物流公司的上门收货、送货上门业务。虽然实质上其业务的效益不大，但只要资源整合得好，形成一定的规模，就会产生规模效益。随着轻物流行业的发展，不仅家电、家具等大宗类商品需要轻物流的配送，其他的一些小件商品也需要轻物流的配送，如送餐、送煤气、送矿泉水等居民日常生活消费。同时，随着电子商务的深入发展，人们网上购物的数量将会大幅增加，在一般物流公司无法很好地提供“上门服务”的情况下，轻物流将成为必不可少的一个物流环节，具有很大的发展潜力。

就目前我国轻物流发展状况来看，轻物流最近几年已开始快速发展，市场化、网络化、品牌化程度大幅提升，处于难得的机遇期，但是还存在较多问题，主要表现在：首先，配送中心和末端配送物流设施严重不足，城市轻物流配送阶段未形成体系，客观上造成了轻物流运力不足，严重影响到轻物流的配送效率。其次，城市拥堵对城市配送的车辆以及快递车辆的限制严重，这样就进一步影响了轻物流在配送上的效率问题。最后，轻物流公司还处于起步阶段，自身的信誉和形象建设刚起步以及管理和经营体制等各方面还不健全，很难进一步促进自身的发展。信誉和形象的好坏极大地影响到轻物流企业业务的拓展，经营管理体制又影响到企业的长远发展，因此这两方面不解决，势必影响到轻物流企业自身的发展。

从实质上看，报纸发行本身也是一种物流活动。从包头日报内部看，有网络优势、人力资源优势和党报的品牌，这些都是可以充分利用的无形资产。所以，涵盖报纸发行、商品配送的综合经营趋势必将成为报业新的经济增长点，这方面北京“小红帽”等已经走在了前面，有很好的成功经验可供借鉴，这也是报纸发行经营的大势所趋。

针对这一特点，发行公司充分挖掘发行资源，深化配送服务，并将两者有机结合起来，取得了可观的效益，积极探索出一条在社会主义市场经济条件下搞好发行经营的可行途径。

具体来说，包头日报发行公司在发展轻物流业务上的优势主要表现在网络优势、人力资源和党报的品牌效应等方面。包头日报发行公司通过四年的经营和发展，已经具有较强的渠道优势和配送优势，建立了覆盖全市的报纸发行的网络，发行公司的分站基本覆盖到每个街道、每个小区，并拥有成功的报纸发行经验，具有准确、快速和安全的配送优势。经过多年的发展，包头日报社已经培养了大量的报纸配送和发行管理方面的人才，同时也储备了大量配送和渠道管理方面的人才，为报社进军轻物流业务打下了坚实的基础，也能加快报社向轻物流业务转型的速度。作为包头地区历史悠久的党报发行机构，包头日报社具有很强的社会知名度和品牌优势，经过发展能形成良好的品牌效应，更好地吸引全国知名物流企业的关注，并推动发行公司与全国知名物流企业的合作，促进包头日报发行公司轻物流业务的开展，减少在轻物流业务开展初期的运营成本，提高自身发展轻物流业务的起点。虽然包头日报发行公司具有了开展轻物流业务的优势，但是在经营实践中，包头日报发行公司对物流配送的认识与理念也是得失相伴、在不断探索中逐步明确起来的。在经营初期，报社也只是将轻物流业务定位为扩大发行的一种辅助手段来运作，没有真正意识到配送服务潜在的商机，网络资源没有得到充分利用，人为地将轻物流经营与报纸征订划分主次，出现了发行站人员“抓征订不问经营”的局面，致使轻物流服务在较长的时期内发展缓慢，服务质量、经济效益和规模一直没有大的发展，形不成规模效益，反而成为主业的“累赘”。前车之鉴，教训深刻，近年来，发行公司坚持与时俱进，深化报社综合改革，强化经营管理，树立“物流配送经过与报纸征订两轮驱动，加快发展”的发行经营理念，进一步规范配送服务运营模式，实行轻物流的全面经营，市场化运作，构筑了新的框架，单一的收入结构已被打破，非主业收入的比重有所提高，增强了整体实力与竞争力。

经过近年来的努力探索，包头日报社发行公司报纸发行产业化经营和轻物流业务已逐步走向正轨，并取得了一定的成果。2012 年 6 月公司启动了轻物流快递业、电子商务、企业商品配送业务后，当年完成了 78 笔业务。2013 年 10 月包头日报发行公司与中铁快运正式签署了合作协议，强强联合发展现代轻物流业务。在加强与中铁快运合作的同时，发行公司也积极做好自身在发展轻物流业务上的建设工作，充分利用现有的 200 名投递人员、20 辆投递车辆、130 辆电动车、20 辆电动三轮车，利用发行投递渠道进一步推动轻物流业务的发展。搭建了包头地区以及全国各地轻物流快递业务一流的坚强团队。虽然取得了这些成果，但在今后的经营中关于扩大经营范围和提高经济效益，包头日报发行公司还有很长的路要走。

同时，包头日报发行公司发展轻物流业务是延伸文化产业链的需要，也是未来发行行业发展的趋势。文化产业链由文化需求创意设计、文化产品制作传播、文化产品营销三个互相承接的环节组成，在经济增长的过程中，这条富于魅力的文化产业链把创意、技术、营销等环节紧紧联系在一起，上游开发、中游拓展、下游延伸，对相关的各种企业和产业形成带动效应，使其具有独创的文化价值，逐渐转变为有广阔市场的商业价值。而包头日报发行公司发展轻物流业务属于下游的延伸，将轻物流业务与公司的业务相结合，挖掘其深刻的价值，将其转变为商业价值，从而延伸了文化产业链，更好地促进了自身的发展。

从目前我国媒介产业链的发展来看，产业经营模式单一，以内容为核心，上中下游的联系不是很紧密，不能有效地开发和利用媒介资源，无法在内容和延伸文化产业链上取得突破，因而需要积极开拓新市场，扩宽新的利润渠道，从而延伸文化产业链，促进媒介产业的良性发展。

发展轻物流业务有利于包头日报发行公司克服目前我国报业公司在文化产业链上存在的一些问题，如经营模式单一，经营的宽度不够，文化产业链过短。包头日报发行公司在进军轻物流快递行业之前，以报纸发行为主，并开展了一些相关的多元化经营，如 DM 广告业务；同时，与包头市知名的育才幼儿园合作，进入不相关的幼儿园教育领域，实现多元化经营。这样就造成了横向的拓展相对于纵向的拓展依然不够，没有充分挖掘利用自身所特有的优势，使得经营模式单一，宽度不够，文化产业链过短。通过进军轻物流业务，开始了大胆的探索，启动了轻物流快递、电子商务和企业商品配送业务，充分发挥了发行公司在网络和渠道上的优势，分站基本上遍及了整个包头市的街道和小区，积极拓宽了经营的宽度和深度，延伸了文化产业链的长度，能够创造出新的经济增长点。同时，也有利于包头日报发行公司构建复合型的文化产业链，实现纵向和横向的多形态开发，延伸和拓展文化产业链，推动集约化经营的发展，实现规模化、集约化和品质化，使发行公司形成规模效应和完备的文化产业集群，把握未来报业发行的发展趋势。最终将包头日报发行公司打造成以报纸发行为主业，以轻物流业务为辅业的多元化经营共同发展道路。

第三节 改变队伍结构，提高队伍素质，打造包头一流的发行物流团队

随着报业体系的改革，党报也逐渐面向市场，迎接挑战。在国有企业和事业单位改革深入发展的今天，包头日报社也经历了一系列改革。要想在当今信息极度发达、媒体林立的现代社会与时俱进，人力资源的建设和团队建设毫无疑问是重中之重，尤其是包头日报社作为党报发行机构已经认识到媒体竞争的残酷性，因此更加应该搞好人力资源的建设和团队建设，改变队伍结构，提高队伍素质，打造包头一流的发行物流团队。

但是目前包头日报发行公司的人才和队伍建设总体来说还存在很多问题，一是人才使用机制与当前报业发展需要不适应。发行公司通过近几年的发展完成了转企改制，但是过去行政管理模式的痕迹还没有彻底消除，影响了发行公司的人才引进和培养以及整个发行物流团队的建设。二是懂经营、懂管理、懂业务的复合型人才短缺。缺乏训练有素的复合型人才是目前包头日报发行公司在发展过程中面临的一大问题。三是缺乏作风过硬、踏实敬业又有多方面专业特长的经营管理人才。随着报纸行业市场竞争日趋白热化，原有的类似计划事业性质的管理、经营模式已经远远不能适应现代报业市场竞争。人才总体数量不足、人才结构不合理、缺少现代报业发展要求的专家型和复合型人才等问题已经开始制约报社的进一步发展。物流发行队伍的结构不合理和整体素质不高的问题，已经严重阻碍了发行公司的进一步发展，亟待解决。

而如何有效解决这个问题成了发行公司领导的难题，事关包头日报发行公司的进一步发展，为此，公司总经理召集了公司高层，经过长时间的调研和讨论，制定了人才队伍建设的目标、需要遵循的原则和实际的操作方案。

人才队伍建设的目标是改变队伍结构，提高队伍素质，打造包头一流的发行物流团队。确立这个目标来统领整个发行公司的人才队伍建设工作，更好地促进工作的进一步实行。

在设定好目标的同时，根据党报的特点，总结出了在人才队伍建设中需要遵循的一些原则，一是要站在全局的高度，树立科学的人才观念。坚持马列主义、毛泽东思想和邓小平理论以及人才建设理论的基本原则，坚持人才第一、唯才是用的用人观念，树立人才就是生产力，只有人才才能改变企业命运、才能发展报社事业的人才发展理念，坚持走人力资源科学发展的道路，结合报社当前人才队伍现状，以调整优化人才结构、提高各类人才质量为目的，从人才选拔、引进、培训、任用、激励等方面入手，大力锻造和培养知识型、创新型和复合型人才，形成报社人才队伍建设的长效机制，努力开创适合包头日报发行公司的科学、合理运作的人才储备、供给和任用体系。二是要从战略发展的高度出发，把人才建设规划和发行公司长远发展规划紧密结合起来。人才建设的初衷和归宿都是以发行公司事业发展为目标，人才发展的结构必须和报社产业结构相配套，人才数量的发展必须与发行公司总体发展规模相适应，人才质量的提高要和报社各项中心工作在新时期的发展要求相符合。三是人才建设各项规划措施要切实可行，方案实施保障有效得力。包头日报发行公司人才建设各项规划措施要密切联系实际，紧紧围绕包头日报社报业集团发展的目标定位，把人才强社和人才兴社作为长期发展战略目标来抓，使人才建设各项方法和措施真正符合报社人才建设和发展的需要，有利于报社人才队伍整体素质的提高。在人才选拔任用、挖掘引入、培养培训、轮换流动、绩效考评和激励保障等配套机制方面都能有效激发人才培养的良好氛围，为全方位打造报社急需的各类复合型人才提供有力保障，真正形成包头日报社报业发展与人才建设的良性互动。

包头日报发行公司通过确立人才队伍建设的目标和需要遵循的原则来指导整个人才队伍的建设工作，而要做好人才队伍建设，就需要根据包头日报发行公司目前人才队伍的现状，因地制宜地对物流发行人才进行队伍素质的提高和结构优化。具体说来，主要有以下几个方面：

第一，构建合理的人才结构，打造完善的人才队伍。任何一个组织的发展都离不开组织人才。然而，如何合理配置人才组织结构，让人才在组织中发挥应有的作用，最大限度地利用好现有人才，成为摆在报社和发行公司面前最为重要而紧迫的工作之一。包头日报社已经有几十年的发展历史，多年来受计划经济体制的影响，逐渐形成了事业单位性质的管理体制。然而在实际生产和经营中又采取企业化经营管理的模式，这种多重身份运行的方式，造成部门和人员管理的复杂性。以往由于受计划经济时代垄断经济的影响，人才作为报业发展的核心资源没有真正得到开发利用。另外，长期在事业单位体制下，人员身份的多重性使得各部门人才构成复杂多变，缺少现代企业统一的素质要求，造成各部门人员不少，但是专业人才数量和质量都严重不足，特别是高层次人才严重缺乏，经常出现专业和工作不对口、岗位和人员不匹配的情形。一方面，一些主要岗位和重要部门缺乏现代报业发展所需要的优秀专业人才；另一方面，其他一些部门又存在人浮于事的状况。这种人员结构的不合理不仅造成了现有人力资源的浪费，而且严重制约了报社各项事业又好又快发展。从人才结构来看，包头日报社急需一批跨行业、跨学科、跨领域的复合型人才，所以根据目前报社复杂的人才结构，在接下来的人力资源开发中，要对各部门人才进行必要的调整和优化，做到人尽其才，才尽其用。使得通过人才建设能够增强报社的核心竞争力，促进报社各项事业蓬勃发展。针对目前报社人才队伍现状，要从内部挖掘好人才，把有能力、有潜质的年轻人员推到能够发挥其才能的合适岗位，使他们都有机会得到锻炼，且快速成长。在做好内部优化调整的基础上，要敢于从外部引进专门的高层次优秀人才，加大对报社各专业、各层次后备人才的引进力度，并建立人才规划建设的长效机制，形成人才引进、流动、储备和发展的良性竞争机制，逐渐改善报社人才队伍结构，构建一支结构合理、理论和技能水平一流、工作作风扎实的专业化现代报业发展队伍，从而保证报社各项事业健康快速发展。

第二，大力加强人力资源培训，对人力这一资源进行有效开发、合理利用和科学管理。要搞好报纸的发行，必须培养一支具有现代组织观念、现代管理手段、现代市场意识的发行队伍。重点是学习营销、物流的基本理念和关键技术，引进先进的管理模式，建立以读者为中心的现代营销服务体系，建立以读者数据库为核心的市场营销系统，并通过严格的管理、科学的调度、专业化的职业培训，快速培育一支高素质的发行队伍，在区域发行网的建设中树立自己的独有品牌，以适应不断发展的事业和竞争的要求。这样才能更好地保证报纸发行业务的发展以及以轻物流业务为代表的多元化经营战略的实施。

同时也要注重发行实践经验的总结和提炼，主要是从具体的发行业务工作中总结出来的发行经验，这具有很强的操作性，实践空间非常大。在实际培训工作中，既要做到理论与实践相结合，又要有所侧重。对于发行的中高层管理人员，培训中要理论与实践并重，因为中高层人员必须掌握发行的基本理念与战略，确保其管理和决策不出现方向性的失误；对下层的一线发行员工，培训中要着重灌输实践经验，穿插一些最基本的核心理论，确保其在发行中不犯常识性的错误。目前，国内在报纸发行营销的培训方面还非常不成熟，还没有形成一套完整的和科学的培训模式。但在这方面，北京《京华时报》做了有益的探索和尝试。《京华时报》的发行营销被称为“魔鬼发行”，在业内享有很高的美誉度。同时，他们还把自己的发行模式输出到外地，曾对青岛、上海等地发行人员进行过培训。为此，《京华时报》专门建立了培训部，其发行营销培训的经验大致如下：

第一步，军训，培养员工的纪律观念和团队精神，要求员工在心中永远树立集体绝对至上观；同时，要求下级绝对服从上级，一切行动听指挥。

第二步，市场营销理念的灌输。全面引入市场营销观念，让员工牢固树立市场第一、客户第一、绩效第一的观念。

第三步，报纸发行观念的灌输。着重灌输报纸时效性等特点，强调准时投递观念，灌输有效发行观。

第四步，道德品质的灌输。对员工进行严格的道德教育，要求员工先做人，后做事，要求忠诚，下级对上级要永远忠诚。讲正义、讲正气、讲道义，绝对不能有不良习气，绝对不能有小偷小摸，绝对不做坑害集体利益的事情。

第三，针对员工个人素质的提高，建立多种人才激励机制，充分调动人员工作积极性，对领导型人才采用晋升激励机制。晋升激励机制主要为人才提供职务晋升方面的激励，对人才晋升制定明确的晋升标准，鼓励每个人为实现个人晋升而努力奋斗。在选人用人上要唯才是用，通过晋升激励机制把人才个人奋斗目标和振兴报社事业有机地结合起来，促进人才发展计划不断向前推进，让报社人才都能感受到努力工作的回报，从内心深处激发自我工作的热情和干劲，最大限度地投入到报社各项工作中去，同时积极采用品牌激励机制。

建立有效的精神激励机制。要把新闻工作崇高而神圣的社会责任作为教育和鼓励人才发展的动力，让人才把个人理想、奋斗目标和新闻工作者的社会责任紧紧联系起来。要求大家努力做好本职工作，时刻把对员工的关心、肯定和精神激励放在首位，对员工要多引导、多鼓励、多赞扬，在报社内部要时刻倡导尊重知识、尊重人才、唯才是用的用人原则和用人标准，多关心职工的工作和生活状况，加强建立职工薪酬和福利待遇，建立良好的晋升和职称评定机制等，使报社人才能够工作舒心，生活愉快，对单位和部门充满期望和感激之情。例如目前包头日报发行公司，对每年在报纸征订工作中表现突出的员工和集体，在自己报纸上进行表扬，用一个版面设置了光荣榜，包括“征订状元”、“征订能手”、“先进集体”、“先进班组”、“先进个人”以及“先进管理工作者”。

同时，建立职业化激励机制。加大对人才职业化的管理力度，对报社人才实行职业化素质教育，制定报社人才的职业化标准，厘清人才的职业发展通道，努力提高报社人才职业素质。通过对职业资格认定、社会保障工作的完善，以及对人才政策和工资待遇的重点倾斜，实现有效的职业化激励。在薪酬制度上要重点向优秀员工倾斜。努力构建重点突出、政策倾斜的薪酬管理制度，让业务突出或有重大贡献的特殊优秀人才，从分配、薪酬到养老等都能够体会到不一样的待遇，从而产生内心满足感和归属感，避免人才外流。只有通过这些具体的措施才能进一步推进包头日报发行公司的人才队伍建设，改变队伍结构，提高队伍素质，打造包头一流的发行物流团队。

PART FOUR 第四篇

应对新形势，经营管理与时俱进

近两年我国经济结构调整以及宏观经济增速的放缓，使得几乎国民经济每个部门都处于转型之中。作为“纸”质媒体的报纸，正日益受到来自网络、手机、移动电视等新媒体的猛烈冲击。报纸的发行量正逐年下降，读者逐年流失，广告投放也逐年减少。根据 CTR 媒介智讯的数据，2014 年 1~4 月我国传统媒体广告收入仅增长 0.4%，创 2012 年以来增速新低。其中，报纸广告收入降幅高达 14.6%，远远超过 2013 年 8.1%的降幅。面对新形势，包头日报发行公司在报纸征订投递、激励管理与绩效考核、数字报刊与网络营销方面与时俱进，又有了新的探索。

第十章　报纸征订投递工作的创新探索

第一节　报纸征订管理办法的科学化

报纸的征订投递工作主要指读者以月、季、半年和全年为周期订阅报纸，并以投递方式完成的发行形式。对于报社来说，征订投递是报纸经营的主业，征订投递工作都是直接与读者打交道；同时，也是报业在各项工作中不可或缺的基本环节。征订与投递的基本关系是：没有征订就没有投递；没有高质量的投递，就没有高质量的征订。

随着当今社会的快速发展和新媒体的崛起，传统的报纸征订管理办法已经无法适应当前包头日报发行公司的发展。正是在这样的形势下，包头日报发行公司成立了报纸征订管理办法创新探索小组，经过大量的调研探索和内部实验，并在传统征订管理办法的基础上，总结出了一套科学的征订管理办法。包括订阅单的领取与交接程序化、填写报刊订阅单的具体要求科学化、各分公司缴款办法的标准化、信息录入要求的准确化和大单分解要求的合理化等。

一、订阅单的领取与交接

（1）包头日报各部门、包头晚报各部门、家庭周报各部门要指定专人统一到包头日报发行公司财务部领取报刊订阅单。各分公司经理、内勤或指派专人到发行公司财务部领取报刊订阅单，财务部门要建立严格的报刊订阅单领取交接手续，认真登记各相关单位领取的订阅单起止号码，并认真签字交接，2013 年各单位请领的订阅单若没使用完可顺延使用，但应做到单单相符，交接清楚。

（2）包头日报发行公司、包头晚报发行公司、家庭周报发行分公司及负责人，对领取的报刊订阅单应按顺序号使用，开错作废，打“×”注销备查，对按起止号使用完的报刊订阅单存根联一联应按起止号码排序，整本交回发行公司财务部，以旧换新。

（3）对发行员使用的报刊订阅单，各分公司、分站要按连续号一人一本整本管理，分联发放，分联收回，存根联一联连号排序使用完后，按起止号码整本交回发行公司财务部并以旧换新。

二、填写报刊订阅单的具体要求

报刊订阅单填写的正确与否是做好投递服务质量的关键，因此各收订人员在填写时应一式四联一次复写，依照顺序详细填写投递区域、订户名称、投递地址、联系电话、报刊名称、起止日期、订阅份数、单价金额、合计金额、经办部门、经办人、联系电话等项目；对于需要开发票的订户单位，收订人员开发票时应把发票号码填注在相关订阅单上。

三、各分公司的缴款办法

（1）各分公司发行员内部缴款时除订户卡一联交订户外，其余“财务联”、“存根联”、“投递卡”三联，连同现金（支票）交给分公司内勤或指定专人，各分公司内勤或指定人员对每日收到发行员交来的报刊款要按日存入指定银行账户，按周将存入银行的“存款凭条”及相关发行员交来的所有订阅单三联一同交到发行总公司财务部，由财务对账后，在各联加盖“现金收讫”专用章后，财务一联财务部留存，其他两联“存根联”、“投递卡”返交回各分公司，其中“投递卡”由各分公司留存，“存根联”由各分公司按订单编号连号排序，整本使用完后交回发行公司财务部以旧换新。

（2）昆区分公司、开发区分公司、包钢分公司、综合业务部除按上述规定办理外，对当日收回的报刊款不用存入银行，可按日办理缴款，但必须指定专人与财务交接，发行公司财务部不直接与发行员办理缴款手续。

四、包头日报、包头晚报、家庭周报等部门的缴款办法

（1）包头日报各部门、包头晚报各部门、家庭周报各部门对报刊订阅单的领取交接，订阅单的填写要按照上述要求办理。

（2）包头日报各部门及记者收订的《包头日报》、《包头晚报》、《家庭周报》，应设专人负责管理，并按日将日报社记者及各部门收订的订阅单三联“存根联”、“财务联”、“投递卡”连同现金（支票）一同交到发行公司财务部。对于需要开发票的单位，财务部应同时开具发票，并将发票号同时填注到需要开发票的相应报刊订阅单上。

（3）包头晚报各部门及记者收订的《包头日报》、《包头晚报》、《家庭周报》也应设专人负责管理，并按日将晚报各部门及记者收订的报刊订阅单三联即“存根联”、“财务

联”、“投递卡”连同现金（支票）一同交到发行公司财务部，需要开发票的单位财务部应开具发票，并将发票号同时填写到需要开发票的相应报刊订阅单上。

（4）广告部员工、印刷厂员工收订的上述报刊应由专人交到日报、晚报两报指定的专人进行办理。

（5）家庭周报员工，收订的上述报刊应设专人与发行公司财务办理交接，订阅单的领取及订阅单的填写要求也要按上述要求办理，报刊款的缴款办法比照《包头日报》、《包头晚报》的缴款办法办理，需开发票的由发行公司财务部开具发票。

（6）订户上门到发行公司财务部订阅的报刊，发行公司将设专人（信息平台）安排订阅，具体缴款办法比照昆区分公司、开发分公司、包钢分公司的缴款办法执行。

五、信息录入的要求

（1）各分公司收订的报刊原则上由各分公司直接录入投递订户信息，但对不属于本区域投递的，网络部应按日及时转到相关所属区域的投递分公司，所属分公司要及时划入本区域相应的投递段道。有关收订数字的统计由网络部汇总上报。

（2）包头日报其他部门、包头晚报其他部门等收订的报刊在发行公司财务结清报刊款后，由财务部将“投递卡”一联交由网络部，再由网络部录入投递订户信息，网络部对录完信息的投递卡次日及时退交到相关分公司。

六、大单分解的要求

对大单位的大单分解：要求订阅单位在办理收订时，让订户提供电子版的订户详细地址资料，要求必须是Excel文件格式的，并详细注明订户姓名、投递地址、联系电话、报刊名称、份数、投递起止日期等信息，同时要求各相关收订单位负责人缴款时一并交到发行公司财务部；否则，就会无法录入分解订户信息，造成报刊无法投递。

七、对迁移新址订户的要求

对需要办理迁移新址的订户，需要订户携带报刊订阅单、订户卡办理，单位订户可凭原报刊订阅单、订户卡或介绍信办理迁移，各分公司应要求用户在报刊订阅单、订户卡上或单位介绍信上批注新址，由用户签字认可，方可办理，办理迁移新地址后，订户所持的报刊订阅单、订户卡退交订户，持介绍信办理的将介绍信留存备查，以明确责任。

八、对赠阅报刊订户的投递要求

赠阅投递的报刊，各相关部门必须将赠阅资料交到发行公司网络部，相关资料必须由相关领导签字批复。所提供的资料必须准确无误，订户姓名、投递地址、联系电话、报刊名称、报刊份数投递起止日期必须详细写明，方可给予赠阅投递。

九、报刊欠款的管理要求

各收订单位对收订报刊形成欠款的必须由各相关单位分管领导同意，所形成的欠款由各相关收订单位开写欠款凭条，并由相关部门分管领导及责任人签字后交发行公司财务部存档。未开写欠费凭条或未经领导及责任人签字同意所形成的欠款一律由个人承担。

十、手工投递卡的建卡要求

每年 12 月 31 日前，各分公司应安排发行投递员按微机录入的投递信息订阅资料填制各段道手工投递卡，并按投递顺序、路线，填写投递段道报刊分发表。

十一、各分公司内部交接手续

各分公司发行投递员与内勤交接报刊款时要建立收款登记本，以明确各自的职责（样式附后，各分公司自备）。

大征订工作中，遇到其他问题时，请及时与发行公司负责人联系。

十二、报刊大征订旺季信息录入责任人安排

信息录入工作进入旺季时，综合办公室应安排下列人员参与信息录入工作。

（1）网络部负责大单位的大单分解及日报欠费单位、晚报欠费单位和转单的录入，责任人：网络部负责人。

（2）包头日报各部门订阅的报刊由综合办公室负责人负责录入。

（3）包头晚报各部门订阅的报刊及订户上门订阅的报刊，由人力资源部负责人负责录入。

（4）欠费订阅的报刊由发行公司财务部负责追缴、清算。

（5）发行公司财务部要按上述划分范围将应录入的订阅单转交相关录入人员。

发行公司财务部如需到银行办理现金缴款，由运输部、后勤部安排车辆或人员护送。

通过应用这些相关的管理办法，整合了相关资源，使得包头日报发行公司的报纸征订工作逐渐科学化和合理化。使整个征订管理办法更加符合当前包头日报发行公司的发展。同时，由于这一创新探索，使整个征订管理更加和谐化和科学化，从而调动了广大员工的积极性，保证报社的征订人员更好地完成征订任务，促进每年包头日报发行公司大征订任务的顺利完成。

十三、大征订中的相关财务制度

为了规范公司的日常财务行为，发挥财务管理在公司经营管理和提高经济效益以及指引公司决策中的作用，便于公司各部门及员工对公司财务部工作进行有效监督，同时进一步完善公司的财务管理制度，维护公司及员工相关的合法权益，包头日报发行公司决定在原财务制度的基础上制定报刊大征订中的相关财务完善制度，此制度主要针对发票的开具与填制：

（1）填写订阅单时要清晰，不得涂改（尤其是金额部分）。

（2）凡是承包《家庭周报》的分公司，填写订阅单时必须与晚报、日报的订阅单分开填写；发票单独开具。

（3）各分公司内勤开具发票时必须见订阅单再开具发票，没有订阅单的不准开具发票。

（4）凡是订户需要开具发票时，一定要把订阅单号标注在发票存根联上，同时订阅单上标注发票号。

（5）录入订阅单信息时，凡有发票号的必须一并录入发行系统，以备查询。

（6）交回发票时，发票存根联与订阅单存根必须相符，发票按号码排序。

（7）交回发票时如有欠款，请各公司内勤将欠款明细在欠款表中填写完整后交回总公司财务。

为了适应税务机关网络开具发票的要求，公司还要求开具发票的相关人员在给订报单位开具发票时，必须出具订报单位的税务号码，方可开具发票。

第二节　报纸征订工作安排的细节化

众所周知，报纸的征订工作是一个庞大而系统的工作；同时，报纸的征订又具有一定的灵活性，因此，报纸征订工作不仅需要统筹整个报社，而且还需要将征订工作的安排细节化，从而保证整个征订过程的顺利进行以及征订量的提高。针对这一现象，包头日报发行公司成立了以公司总经理为组长、相关人员为组员的大征订领导小组，从上至下统筹整个征订工作，保证每个部分有序、高效和顺利进行。主要包括大征订的具体工作细节化、具体工作要求明确化、征订奖励措施具体化。

一、报刊大征订的具体工作安排

各分公司要根据总公司每年与各分公司签订的经营承包责任书中确定的报刊收入计划（流转额），并结合每年总公司制定的《包头晚报》征订任务指标分配计划表的计划数字，来确保《包头晚报》每年实现 4 万份以上的保基数目标，为了实现上述保基数目标及征订计划，总公司要求各分公司、各机关部室必须认真做好以下几项工作。

（1）各分公司要在总公司的整体安排布置下，按照总公司每年制定的《包头晚报》征订任务指标分配计划表，将总公司分配的征订计划数字分解到每个投递段道。并制定出周密的本公司征订计划进度表，于每年 9 月 20 日前上报总公司，同时从每年 9 月 1 日起将各段道每日的征订业绩公布在各分公司的征订业绩板上进行公示。

（2）要求各分公司每 10 天在 QQ 群向总公司发送本公司整体征订计划完成数字。样式如下：青山分公司：2014 年订阅任务数为××××份，9 月 1 日至 10 日订阅任务完成数字为××××份，实际完成订阅任务数为××××份。同时总公司也将对各分公司的征订进度按每 10 天一次进行通报。

（3）综合办公室要在征订开始前为全体发行人员印制报刊订阅联系卡，投递员要在投递中将联系卡投放给订户，以方便订户订阅。

（4）综合办公室要在大征订前，印制每年报刊订阅宣传单 4 万份，由投递员随报投递到订户手中。

（5）综合办公室要在大征订前期、中期分四次组织全公司车辆利用周六或周日进行广泛宣传，车辆两侧要悬挂统一的“欢迎订阅××××年《包头日报》、《包头晚报》”字样的横幅，到市区主要街道、小区进行宣传，特别是对滨河新区的企事业单位和新建的企事业单位，要挨家挨户走访，不得漏掉一户或一个单位，在对滨河新区一带的走访征订工作中，如交通不便，综合办公室要安排车辆，由所辖区域分公司牵头做好摸底走访，力争做到滨河新区的订阅工作无死角，为下一步企事业单位的搬迁做好铺垫。

（6）综合办公室要配合报社及发行公司《新包报》做好媒体的宣传工作，各分公司要在本区域内对设有 LED 屏的宾馆、酒店、底店上门走访、协商，采取广告置换或赠送晚报等形式，配合做好对报刊大征订的宣传工作。

（7）网络部要加强订户信息录入的准确性和时效性，特别要注意对更改投递段道、迁移新址、大单分解的处理工作，确保所投递的订户信息准确无误，提供报刊征订进度的准确数字，做到不错、不漏。

（8）信息平台要建立信息回访工作，认真处理好大征订期间的用户投诉，发现问题及时上报或妥善处理。

（9）运输部要在大征订期间，确保车辆的统一指挥、调度与协调，保证各单位在大征订期间的生产用车。

（10）财务部要在大征订期间，严格执行内部交接款手续，加强空白票据的管理与交接签收制度，并加强对各分公司财务交接手续的监督检查管理工作。

二、具体工作要求

（1）各分公司要在大征订前组织发行投递员认真学习《报刊发行业务流程及管理办法》，并有规模地组织业务培训，严格按照操作流程组织作业，各级监督检查部门要在大征订期间加大监督检查力度，做到既是检查员，又是业务指导员，切实把检查工作做深做细，总公司要在每年 8 月底前对各分公司的培训情况进行检查。

（2）大征订期间各分公司要对所属区域的新建底店进行摸底走访，采取历年来洗店及洗楼工程的订阅经验进行走访，开展订阅，对走访的底店要一个不漏地逐个进行统计，反复走访，并充分利用订阅报纸赠送分类广告宣传企业形象的优势，动员底店订阅报纸，每年总公司将对底店订阅发展较好的员工加大奖励政策。

（3）各分公司要认真制订出大征订公关计划，于每年 9 月 20 日前同本公司征订计划进度表一同上报总公司综合办公室，需要总公司配合公关的各分公司要积极与总公司报刊领导小组联系。

（4）各分公司要积极与居民委员会进行沟通，在小区内可利用居委会开展订阅，对订阅后有投递困难的订户可利用小区自行车车棚代收代转和就近小卖店或小底店代转的方式，解决征订和投递问题。

（5）大征订开始，前各分公司要做出报箱的使用计划，不得发生每年 1 月 1 日开始投递新订户，却没有报箱投递的被动局面。

三、报刊大征订原则

（1）9 月 1 日~10 月 31 日前，各投递段道投递员应做好本区域内的报刊续订工作，不得跨段道征订其他段道内的老订户；凡跨段道征订的，征订份数仍要划回相应的投递段道内，不作为征订业绩。

（2）对各分公司区域内每年年末订阅《包头晚报》的底店和死角可放开订阅，并给予业绩考核，不列为跨段道订阅范围。

(3) 欠费订阅的报纸必须经相关领导和责任人签字同意后方可形成欠费，否则由个人承担。

四、报刊大征订结束后的奖励安排

(1) 各分公司经理按照各分公司与总公司签订的经营承包责任书考核办法进行考核、兑现。

(2) 大征订结束后，对于做出突出贡献的发行投递员及员工，总公司将继续开展“征订状元”、“征订能手”的评选活动，给予奖励。

通过报纸征订工作安排的细节化创新探索，包头日报发行公司将具体的工作分配到具体的人员身上，使得征订工作安排细节化和明确化。避免了以往征订发行部门责任不清，相互推诿、扯皮的现象，从事征订发行工作的人员感到理顺了、路通了、有干劲了、有目标了。同时，也将征订奖励办法具体细化，极大地调动了征订人员的积极性和主动性，从而更好地促进了包头日报发行公司征订工作的快速发展和公司征订量的提升。

第三节　改善报纸投递效率与信息化管理

在信息化时代，现代企业已经不能不重视信息化管理在企业高效运作方面发挥的重要作用。企业信息化管理主要包含信息技术支持下的企业变革过程管理、企业运作管理以及对信息技术、信息资源、信息设备等信息化实施过程的管理。企业信息化管理的精髓是信息集成，其核心要素是数据平台的建设和数据的深度挖掘，通过信息管理系统把企业的设计、采购、生产、制造、财务、营销、经营、管理等各个环节集成起来，共享信息和资源，同时利用现代技术手段寻找潜在客户，有效支撑企业的决策系统，达到降低库存、提高生产效能和质量、快速应变的目的，增强企业的市场竞争力。

对于报业发行公司，报纸的投递是发行工作的重要一环，投递质量的好坏不仅关系到用户对报纸的忠诚度，还影响发行公司的成本。投递效率作为投递质量的一个关键因素，在报纸发行中不可忽视。包头日报发行公司为了进一步做好《新包报》业务、夹页业务的投递工作，2014 年 5 月决定建立投递信息数据库，信息库建立后，由客户针对目标选择群体，有目标、有针对性地进行投递，减少不必要的印制数量，最终实现以精准的投递达到最佳效果，从而推动总公司《新包报》业务和夹页业务，取得更大的经济效益。发行公司主要做如下工作：

一、成立投递信息数据库搜集领导小组

为了使投递信息数据库的筹备工作顺利高效进行，专人专责，公司组建了以杜新建为组长，刘飞宇、王鑫、高培荣、李芳为组员的投递信息数据库搜集领导小组，刘飞宇、王鑫与高培荣负责信息库名址分类、录入工作，李芳负责协助信息数据库与委投业务系统、包头日报发行投递系统的相关链接与配合工作。领导小组的明确分工，调动了各分公司、相关各部室人员的工作积极性，通过分派投递员的任务信息搜集工作得以顺利开展。

二、投递信息数据库单位名址的采集分类

鉴于投递员熟悉所分发报纸的区域，单位名址的采集工作主要由各分公司投递员负责。为了便于统计和查找，采集工作需要遵循一定的要求，全市投递范围内（旗县区除外）所有单位应按以下要求分门别类进行采集，按类统计，如表 10–1 所示。

表 10–1　单位名址的行业分类

行业类别	单位分类
旅游业	各大中小旅行社
美容美发业	各类美容美发店
医疗业	牙科、眼科、足疗、修脚，治疗各类疾病的底店，药店、医疗器材
餐饮	各大宾馆、酒店、饭店、小饭店、出售矿泉水店、直饮水店、冷饮店
烟酒店	烟酒批发店、小卖部、街坊小卖店
学校	各大中小学、托儿所、幼儿园、托管班、家庭托管班、教育培训机构、培训学校、培训班
建材业	各大建材商场、所有建材市场底店、家具店、五金门市部
汽车业	各大汽车销售 4S 店、汽车修理店，修理铺、加油站、加气站
商超业	各大百货、超市、家电百货
家电业	各类家电商场、家电门市部、电器修理、电器配件门市部
服装业	各大服装店、儿童服装店、老年服装店、裁缝店、干洗店、鞋帽店
婴幼儿用品店	保健品店、各种婴儿用品店
茶庄业	各类茶行、茶庄
党政机关	政府办公楼、所在单位及驻区单位、交警、乡镇政府、社区、办事处、管委会、村委会、各委办局、驻包各单位
各企事业单位	××厂、××集团公司
银行业	各大银行、储蓄所、代办所
其他类	其他

为保证集中登记，单位名址采集要求有固定的上报日期，避免拖沓，提高了采集效率。

三、设立信息采集激励措施

第一，凡从事段道投递的投递人员，要求全部进行采集上报，不得遗漏，采集的每条信息数据奖励 0.10 元。第二，上报时将订阅《包头晚报》的订户全部列入统计范围，例如，××诊所订阅了《包头晚报》，在这次统计上报中，仍将其列入新采集的订户进行上报。第三，三次采集完毕后，财务部要按段道、按采集条数，给采集人员核发奖励（预计每人采集不少于 1000 条数据，原则是只能在本段道内进行采集，以免重复录入）。

采集信息库领导小组负责信息的整理录入，对员工采集的不准确的数据不予录入、不予奖励，统计工作由采集信息库领导小组负责，三次采集完毕，汇总统计后，上报财务部，核发奖励。

四、建立投递信息库保密原则

信息数据是公司的商业机密，形成数据库后，就更加要保守公司的商业机密，数据库的网络查询必须由综合办公室输入工号，进行密码控制，方可查询使用。

投递信息数据库的建立，使包头日报发行公司能够从宏观上把握《新包报》业务和夹页业务客户的地理位置分布和行业分布，更能分清业务重点，避免因数据不详导致印刷数量不足或堆积，不仅节约了公司成本，实现了精准投递，更提高了数据信息的利用价值，使公司的信息化高效管理更进一步。

第四节 完善读者满意度的跟踪回访机制

随着网络的快速发展以及新媒体的崛起，报业企业在报道内容上趋同，使得报业企业的竞争从内容的竞争转向了服务的竞争。而报纸服务的最终对象是读者，只有读者满意，才能更好地维护当前的订阅读者和拓展订阅客户，从而在竞争中生存并发展壮大。在这方面，包头日报发行公司走在了前面。

包头日报发行公司完成了转企改制之后，致力于从各个方面来提升自身的竞争力，完善读者满意度的跟踪回访机制就是一个方面。

具体分为两个部分：一部分是在报纸的夹页中附带了调查表和已付邮资的空白信封，用以收集读者的真实意见，并对回函读者赠送 4 个月《家庭周报》作为回馈。另一部分是在各个分公司设立了专职检查员岗位，对内部和外部服务质量、投递中存在的问题和读者满意度等，进行调查和跟踪回访。全方位保障读者的权益，提升自身的服务水平，使广大读者满意，从而提高公司的综合竞争能力，促进自身快速发展壮大。

专职检查员的职责具体包括以下内容：

（1）服从分公司经理的管理，并在其领导下，做好本职工作，配合分公司经理做好本分公司内部的经营与管理工作。

（2）在总公司监察部及分公司经理的双重领导下，按月做好对本分公司内部、外部的服务质量监督检查工作。熟练掌握本区域投递段道的分布情况，并对本区域投递段道的划分情况、投递网络的建设情况及投递生产全过程进行监督管理。

（3）协助分公司经理及时处理好投递生产过程中发生的用户投诉和突发事件，并妥善解决好用户投诉。

（4）协助分公司经理参与分公司内部的生产管理工作，安排好本公司范围内发行投递全过程的生产作业组织与调度管理工作。

（5）无条件服从总公司制定的各项规章制度，配合分公司经理完成总公司下达的报刊订阅目标计划、经营任务目标计划，并配合分公司经理确保本分公司内部各项管理目标的贯彻落实。

（6）随时了解并掌握投递段道内存在的投递中重复往返、重复劳动等不合理段道划分情况，对投递段道划分的不合理情况要及时进行调整，使之规范合理。

（7）做好分公司内的后勤监督管理工作，并对雨衣、报兜等用品用具的建账登记、统一发放工作进行监督，配合备班员做好报箱的安装工作。

（8）根据总公司制定的发行部岗位职责《报刊投递服务质量监督考核办法》的规定，对所辖分公司的服务质量检查工作每月不应少于 15 天（兼职检查员每月检查工作应不少于 8 天），检查方式分为内部检查和外部检查两种，外部检查可通过跟随段道检查，走访用户、走访单位实际调研等多种方式进行检查。具体检查标准按《各分公司检查员服务质量检查标准》执行。

（9）对内部和外部的检查必须详细填写检查报告书及走访用户记录单。

（10）按月对本月的检查工作做出检查计划，并按计划实施落实。

（11）对本月所填写的检查报告书及走访用户记录单，应按月装订成册并报总公司综合办公室监察部调审。

第十一章　激励管理与绩效考核办法的创新探索

第一节　细化各个岗位的责任和绩效考核办法

激励与惩罚是管理的左膀右臂，缺少其一，管理则不健全。现代企业更加重视激励管理，在这方面国外有着更加丰富的经验。美国企业实施激励管理的经验是，为了使企业聚集人才，采取的措施包括：①精心进行人才选拔；②实行雇员持股和收益永久分成的长期激励；③重视对员工较为实惠的福利激励。而日本企业的做法有着自己的特点和特色：①重视员工素质及强化培训的发展激励；②终身就业制和弹性工资相结合的内激励和外激励；③实行性质不同、内容具体的正激励和负激励；④注意鼓舞员工，实行化解困难的挫折激励。绩效考核是激励管理实施的有效途径。

在我国企业迈向现代化的进程中，国外成功的管理经验对我国企业管理有着较大的借鉴价值。首先，应该重视激励在调动员工积极性上的功能和作用。其次，应采取激励手段为企业吸纳人才，并充分发挥人才的重要作用。最后，必须建立健全激励与约束相结合的机制。

包头日报发行有限公司对激励管理进行了积极的探索。公司意识到，为充分调动员工的积极性，必须将绩效考核制度量化，使员工做到心中有数，量力而为。另外，建立激励与约束相结合的机制是激励管理的制度保障，为此，不仅要建立岗位职责制度，而且要将其细化，避免“擦边球”等现象。

一、机关各部室绩效工资的量化考核

总公司专门成立了绩效工资量化考核领导小组，由总经理助理任组长。绩效考核实行打分制，由考核领导小组组长或副组长牵头，组织小组成员于每月 26~30 日按绩

效工资量化考核标准打分，逐项对当月绩效工资进行打分考核，次月 2 日前，将各岗位人员考核结果（打分表）交到人力资源部进行工资奖惩。日常规章制度的执行情况实行抽查制，由综合办公室会同人力资源部，随机进行不定期抽查，月末汇总到打分表上。为了杜绝考核工作流于形式，总公司领导要求，日常随机抽查和集中检查都要按部室填写检查报考书，次月 5 日前由综合办公室按月编发机关各部室，通报绩效工资量化考核情况。

二、综合业务部管理员岗位职责及绩效考核

综合业务部管理员的岗位职责主要包括以下五个方面的内容：①内部监督管理检查工作，领会总公司下发的各种文件精神。②对部门各项收支业务作出数据统计，对各业务款项进行账务管理，为企业经营发展提供参考。③协调与各分公司和其他部门的业务关系。④对划转到各分公司综合业务员，要做好对其的业务培训，负责各分公司业务员的绩效考核工作，协助配合各分公司、人力资源部做好对划转到分公司的业务员的工资考核核算。⑤对总公司下发的文件应建档管理，完成总公司分管领导交办的其他工作。

对综合业务部管理员的绩效考核，凡未及时收缴业务款项，月度、季度、年度销售数据表未按规定及时上报，缴纳业务款项、划转业务员提成及工资未按月提供或计算错误，综合业务部应收缴的收入数字不准确的，一经发现，一次性扣罚 100 元。综合业务部各项业务统计数字不准确的，检查发现一次，扣罚绩效工资 50 元。及时催缴所属分公司夹报业务、委投报刊业务、零售缴款工作，未及时收回欠款的，视情节扣罚绩效工资 50~100 元。

上述操作办法是为进一步完善和确保总公司制定的各项规章制度的贯彻落实而制定的，以前下发的已不适应现在企业要求的综合业务部管理岗位职责及绩效工资考核办法同时废止。

三、各分公司报刊批零业务岗位职责及考核

该办法是为了扩大报刊市场的批零业务，拓展“两报一刊”的批零业务渠道，不断提升“两报一刊”的市场影响力而制定的。包头日报发行公司报刊批零业务岗位职责及分公司业务员岗位职责规定总共有 18 条，主要从以下四个方面阐述：①负责制定与服从本区域报刊批零业务的规章制定，报刊批零业务的经营、开发、监督、管理工作以及网点开发、网点铺投的投递质量检查工作；②按区域负责大型舞台宣传活动的策划，定期组织各种形式的促销活动；③定期组织本公司员工学习、分析、讨论报刊

批零业务市场的发展计划及批零市场的开发规划，对切实可行的发展目标积极推广落实；④负责维系与客户的合作关系。

报刊批零业务员绩效工资的考核，要求业务员每月至少开发 5 户新用户，每少完成 1 户，扣罚绩效工资 20 元。网点铺设投递质量的检查工作未按要求按月认真做好检查记录、未于每月 25 日将所在分公司交的报刊零售款及时收缴并在每月 26 日交到总公司综合业务部、未认真做好夹报业务的检查记录的，均扣罚当月绩效工资 50 元。

四、各分公司备班员岗位职责及绩效工资考核

分公司备班员岗位职责主要包括三项：①服从于分公司经理级检查员的管理，做好本公司区域内在人员空缺情况下的替班工作；②熟练掌握所辖区域内所有投递段道情况；③负责本公司内新增订户的报箱安装及报箱的维修更换工作。

对于相应的绩效工资考核办法，公司规定，凡属正常工作范围内的失职，一次扣罚绩效工资 30 元；凡因报箱安装不到位，影响订户正常投递的，一次扣罚绩效工资 20 元；其他违反总公司规定的条款，按照总公司制定的相关考核办法执行。

第二节 采用激励机制来促进报刊业务发展

激励是心理学的一个术语，指激发人的行为的心理过程，其实质是通过把需要、内驱力、目标 3 个互相影响、互相依存的要素衔接起来，使有机体为了满足自身需要，在内驱力的驱动下，努力达到目标的整个过程。这个概念用于管理，指激发员工的工作动机，即用各种有效的方法去调动员工的积极性和创造性，使员工努力完成组织的任务，实现组织的目标。激励机制就是这些有效方法的一个有序的集合。

激励是组织管理的核心。激励的最终目的是通过凝聚人心，引导、规范员工的行为，调动人的积极性、主动性、创造性，从而最大限度地调动员工的能动性来实现组织目标。特别是在现代企业管理中，越来越注重发挥“人”的作用和力量，正在实现从以“物”为中心到以“人”为中心的转变。因此，怎样运用有效的方法和手段，挖掘员工的内在潜力，吸引和留住组织所需的人才，鼓励先进、鞭策后进。确保员工目标与组织目标协调一致，保证组织目标的实现。

正因为如此，包头日报发行公司在这方面上做了大量的创新实践工作，以奖励机制来带动整个报纸征订发行工作的开展，从而提高员工的积极性，鼓励先进、鞭策后

进。设立了从上至下的三层奖励机制：

第一层是针对具体的部门。在总公司和分公司内各部门进行，对于超额完成征订目标的集体和班组进行奖励。具体操作是对于征订份数超过年初规定的集体和班组进行表彰，授予“先进集体”和“先进班组”的称号。并奖励先进集体1000元，奖励先进班组500元。

第二层是针对分公司管理层面开始。对各分公司经理按投递基数进行考核兑现绩效工资。具体操作是每月末对各分公司当月《包头晚报》少于保投递基数5份的，总公司将扣罚分公司经理当月绩效工资100元，10份及以上的扣罚分公司经理当月绩效工资200元。同时增加了奖励，设置了“先进管理工作者”奖项，奖励500元。从而进一步调动中层管理者对征订活动的积极性和主动性。

第三层是针对具体的征订发行基层工作人员。因为基层征订人员是直接接触读者，并且是中坚力量，所以在对他们的激励机制上面要花大力气。设置了“征订状元”、“征订能手”和“优秀征订员”三个奖项。

（1）“征订状元”要求及奖励：在每年大征订中达到450份以上，可享受华东五市或张家界的旅游奖励。

（2）“征订能手”要求及奖励：在每年大征订中达到300份以上，可享受北戴河、秦皇岛、山海关或西安兵马俑的旅游奖励。

（3）“优秀征订员”要求及奖励：在每年大征订中达到150份以上，可享受云台山、青龙峡或五台山的旅游奖励。

包头日报发行公司在长期的实践中探索并设立了奖励机制，从三个层次来调动各个层面的工作积极性和主动性以促进整个公司的发展。就目前来看，已经取得了较好的成绩。

同时，这样的激励机制也符合相关原则。

第一，转企改制要求原则。转企改制的关键是通过体制机制改革，明确所有当事人的责任，让所有的人对自己的事情负责，让所有的事情都有人负责，而且这种负责是有主动性、创造性的负责，不是敷衍塞责。因此，在这一大背景下探索和总结出来的激励机制既能为报社体制改革提供承前启后、平稳过渡的服务，又能为下一步发展打下坚实的人力资源管理基础。

第二，确保员工利益原则。在企业转企改制过程中，员工最关心的问题就是利益问题，即原有利益能不能得到充分保障，改制又能增加哪些新的利益？这是老员工之所以留下、新员工之所以进来、优秀员工之所以积极、后进员工之所以努力的关键所在。

第三，长远发展原则。报社转企改制是一个新的开始，其后的发展方向、发展道路还要在探索中逐步修改和完善。

第三节 内部宣讲活动激发员工潜力与积极性

在长期的经营管理实践中，包头日报发行公司的领导班子发现，对员工的激励机制只是从外部推动员工的积极性，而要真正进一步提高员工在征订工作中的积极性和主动性，还需要一些来自内部的动力。使员工认同包头日报发行公司的企业文化，与企业融为一体，同呼吸共命运，才能更好地促进企业的发展。因此，经过研究，决定从两个方面来激发员工的潜力与积极性。

第一，在全公司开展企业文化的宣传活动。企业文化是企业不可缺少的一部分，优秀的企业文化能够营造良好的企业环境，提高员工的文化素养和道德水准，对内能形成凝聚力、向心力和约束力，形成企业发展不可或缺的精神力量和道德规范，能对企业员工产生积极的作用，使企业资源得到合理的配置，从而提高企业的竞争力。用健康向上的企业文化感染员工、鼓舞员工、激励员工、凝聚员工，通过《新包报》专栏，用身边的先进人物和先进事迹带动员工热爱公司，形成一种积极向上的企业文化。这正是包头日报发行公司开展企业文化宣传的初衷。

具体探索如下：

（1）综合办公室、各分公司每月向《新包报》提供稿件（发表作品）两件以上，稿件的形式不限，内容必须积极向上。

（2）对在《新包报》上发表作品的员工，每年底根据发表作品的数量、内容和质量进行评选，选出三名优秀报道员，颁发荣誉证书，并给予物质奖励。

（3）各部门、各分公司要对员工提交的稿件做好收集、整理和上报工作，确保在员工投稿后一周内交到《新包报》主编处。

（4）各部门、各分公司要把企业文化宣传工作作为一件大事去抓，我们将在年底评选先进集体时把完成在《新包报》上发稿任务作为一项重要的考核内容，达不到报道任务数量的分公司将不能被评为先进集体。

（5）总公司在兑现每年《经营承包责任书》考核时，对全年在《新包报》上发表 14 次以上报道任务的，综合办公室各部门和各分公司增加 3 分；对完不成 14 次以上报道任务的，扣 3 分。

第二，在全公司开展经营任务大宣讲活动。企业内部宣讲活动是企业管理的一个重要工具，通常情况下，企业内部宣讲很容易被定位为“形象工程”，只是供摆设的小工艺品，这使得宣讲活动的效果相当有限。因此，只有从全公司的层面把企业内部宣讲定位在企业管理重要工具的高度上，才能最大限度地发挥企业内部宣讲活动的作用。正因为内部宣讲活动的重要性，使得包头日报发行公司从一开始就十分重视内部宣讲的作用，并针对相关活动做了大量实践和探索，事实证明，企业内部宣讲使得包头日报发行公司取得了很好的征订成绩。

所以，发行公司总结出企业内部宣讲的重要性主要体现在以下三个方面：

（1）它是树立企业外部形象的主要途径。市场经济发展步伐的加快，使企业间的竞争日益激烈，过去那种“酒香不怕巷子深”的市场环境一去不复返。尤其是报纸行业，受到新媒体和网络快速发展的冲击，竞争更加激烈。而内部宣讲活动能使“品牌立企”成为企业保持良好形象的主导思想。企业一旦拥有高知名度和好声誉，就容易赢得社会的支持及伙伴合作。尤其是对包头日报发行公司这样的报业发行公司而言，只有获得较高的知名度才能够通过品牌效应赢得更多的客户，开拓更大的市场、取得竞争优势。

（2）它是营造企业良好发展氛围的主要方式。市场竞争瞬息万变，企业如何应变、持续发展？如何营造良好的发展环境？还得通过企业的内部宣讲来实现。企业决策通过企业内部宣讲以适当的方式及时、准确地传达到企业内部员工，把文字转变成思想，促使企业内部达成共识。此外，通过宣传，可以将企业的经营状况、发展动态、先进人物及有关职工切身利益的热点、难点问题及时公开。唤起职工对企业的认同感和责任感，推动企业健康发展。尤其是包头日报发行公司本身就存在员工整体素质较低的问题，只有通过企业内部宣讲将相关问题具体化和简单化，保证能传达到每一位员工，从而保证整个公司达成共识。

（3）它是培育企业文化的有效手段。企业文化是一个企业通过长期发展而沉淀下来的独特文化的外在表现，它包括企业价值观、企业理念、企业精神和企业道德等内容。就载体而言，没有宣传就没有企业文化。因为不管企业文化内涵多么深厚、丰富，如果没有宣传这一载体，它是不可能在企业内形成强大推动力的。

当前，企业间竞争的主要是人才和文化，特别是报纸发行企业对人才和企业文化的竞争尤为突出。好的企业文化是吸引和留住人才的重要因素，要让员工接受企业文化的精髓，宣传是最有利的方式，而包头日报发行公司想要促进自身快速发展，并在竞争中立于不败之地，就必须重视企业内部宣讲和企业文化的培养。

针对这一形式，包头日报发行公司于 2013 年开始组建了自己的内部宣讲组，由梁树任组长，郭晨阳任副组长，组员四名。在总公司和分公司定期开展经营任务大宣讲和企业文化大宣讲。具体的探索实践：公司总经理办公会议研究决定，在各分公司及机关范围内开展为期两周的经营形势及任务大宣讲活动，此次活动总公司将成立经营形势及任务大宣讲工作组到各分公司开展宣讲。

具体要求：

（1）请各分公司给予高度重视并积极配合，宣讲组把这项工作做好，落实好总公司这次宣讲的目的和意义。

（2）要求每位员工全部参加，不得无故不到，特殊情况向分公司经理请假。

（3）要求每位员工提出一到两条对经营工作有利的建议，分公司汇总后集报到总公司综合办公室，针对员工提出的经营工作合理化建议，一经总公司采纳，年终实现收入目标的，总公司将对提出合理化建议的员工给予重奖。

（4）大宣讲结束后，各分公司应将本公司参加人数、请假人数汇总上报总公司综合办公室。

从现实上看，2013 年的首次全公司大宣讲活动取得了较好的成效，通过大宣讲活动，提高了广大员工的积极性和主动性，从而能从根本上促进企业的管理和经营的提升。

在新形势下，企业内部宣讲要有新的突破。首先，形式要多样。在内部宣讲活动中，不仅要自上而下，也要自下而上。因此，将宣传工作作为企业发展战略决策实施的重要环节，只要宣传工作做到位，决策的传达、实施、执行和反馈就不会走样。其次，宣传的内涵和功能要不断丰富。不仅要充分利用传统的宣传方式，还要利用一些职工喜闻乐见的方式，来传播企业生产经营、技术改革、制度管理和企业文化等，更要充分发挥网络媒介的作用，增强沟通与反馈功能，进一步增强企业的影响力。最后，营造舆论环境，促使人人参与宣传。对现代企业而言，宣传不再是哪一个部门的工作，因为宣传工作被注入了企业文化的因子，企业的声誉、品牌、知名度和市场影响力等诸多因素相互交织、不可分割，所以需要所有部门、所有职工的积极参与和配合，自觉维护企业形象，以“主人翁”的态度去做好宣传工作。

第四节　强化经营承包责任考核制度

经营承包责任考核制度是包头日报发行公司在激励管理与绩效考核方面所做的又

一个重要探索，充分体现了以业绩为导向、激励与约束相结合的原则，并帮助公司建立健全科学合理、可追溯的资产经营责任制度。公司的创新在于采用计分制确定考核绩效，并建立了自己的一套得分与扣分方法以及奖惩方案，并具体量化。根据得分情况，确定考核结果，充分体现贡献、责任、风险与利益的统一。强化经营承包责任考核制度，能够为实现总公司发展战略提供一定的制度支持，完成总公司的经营目标和管理任务。该考核制度不仅考虑了各分公司、机关各部室的实际经营管理情况，而且具有前瞻性、挑战性和持续性，能够有效地传递公司经营发展的压力。

公司确立经营承包责任考核的基本原则是：客观、公正、公平、公开。

最新规定的考核办法实施于 2014 年 1 月 1 日至 2015 年 1 月 10 日大征订结束。

考核指标设置财务收入指标、报刊业务量指标、服务质量指标和安全生产指标、规范服务指标五项，考核指标界定如下：①有收入的各分公司按下述指标考核奖励。②办公室所辖部门、发行部挂靠全公司的，所属分公司最终平均得分按指标进行考核。③监察部专职检查员、信息平台、发行部部长同时挂靠全公司服务质量指标。④人力资源部、运输部挂靠全公司安全生产指标。⑤财务部挂靠全公司资金损失案件指标。各指标层级与分值设置如表 11-1 所示。

表 11-1　经营承包责任考核指标与分值设置

<table>
<tr><th>类别</th><th>一级指标</th><th>二级指标</th><th>分值设置</th></tr>
<tr><td rowspan="5">得分和加分指标</td><td rowspan="3">财务收入</td><td>《包头晚报》报刊流转额计划完成率</td><td>30</td></tr>
<tr><td>夹报业务收入计划完成率</td><td>10</td></tr>
<tr><td>成本费用计划完成率</td><td>20</td></tr>
<tr><td rowspan="2">报刊业务量</td><td>确保《包头晚报》投递保基数 100%完成</td><td>15</td></tr>
<tr><td>确保《包头晚报》投递增长份数 100%完成</td><td>5</td></tr>
<tr><td>得分和扣分指标</td><td>服务质量</td><td>—</td><td>20</td></tr>
<tr><td rowspan="7">扣分指标</td><td rowspan="5">安全生产</td><td>车辆安全生产事故，损失 3000~10000 元</td><td>3</td></tr>
<tr><td>车辆安全生产事故，损失 10000~30000 元</td><td>7</td></tr>
<tr><td>资金损失案件 10000~30000 元</td><td>10</td></tr>
<tr><td>发生火灾事故损失在 10000~30000 元</td><td>10</td></tr>
<tr><td>责任性管理事故损失在 10000~30000 元</td><td>10</td></tr>
<tr><td rowspan="2">规范服务</td><td>发生用户重复投诉被总公司通报批评的</td><td>5/次</td></tr>
<tr><td>被电台、电视台新闻媒体曝光的</td><td>10/次</td></tr>
</table>

公司根据任务完成量和经营情况设立了自己的一套计分方法，总得分为得分项指标同扣分项指标之差，与此同时，详细具体规定了得分与加分的奖励标准，并以经营承包责任书考核得分为依据，得分在 60 分以上（含 60 分）的，按比例兑现；得分为 100 分及以上，取得奖金全部；得分低于 60 分取消评奖资格。

2014 年，为确保实现全年经营管理任务，以客观、公正、公平、公开为原则，经总公司研究决定实行缴纳抵押金方式同承包奖励挂钩进行考核兑现，并制定了具体奖励办法，这是包头日报发行公司在承包责任考核方面所做的又一创新，同时，也是在激励管理实践上的进一步探索，因此，公司制定的经营承包责任考核制度的顺利贯彻执行，不仅是其在经营管理理论上的成功，也是其在经营管理实践上的成功。

第五节 领导责任制度的探索

无论是在党政机关，还是在军队、企事业单位，领导管理职责的明确有着非比寻常的意义。企业的管理者尤其是高层领导制定公司战略，影响公司的前进方向，失误即失败。一旦管理部门出现职责交叉或权责不分，势必出现互相推诿和抱怨现象，不但使组织内部工作效率低下，还会导致公司发展偏离原来的方向，甚至走向倒闭的边缘。领导责任制度的制定，是包头日报发行公司在科学管理层面进行的又一个有益的创新探索，是科学管理各项规章的补充和完善。

一、分权与集权

分权与集权，是现代企业十分重视的管理问题。企业领导的管理职责是在分权与集权问题上的充分体现。所谓分权，是企业组织为发挥中低层组织的主动性和创造性，而把部分生产管理决策权分给下属组织，使其有一定自主性，最高领导层只集中拥有少数关系全局利益和重大问题的决策权。分权管理通常适用于规模较大、产品品种多、市场变化快、地区分布较分散的产业。集权是指决策权在组织中较高层级的集中，是与分权相对的概念。

企业集权的内容是企业的重大决策问题，一般包括制度制定权、筹资与融资权、投资权、用资与担保权、固定资产购置权、财务机构设置权和收益分配权。而企业分权的内容是企业日常经营决策问题，主要体现为企业的收益分配权。

把握集权与分权的界限应综合考虑多方面的因素：①如果企业的规模很小，通常集权程度很高，便于管理和决策的顺利贯彻。②如果决策失误代价很高，企业领导层会更多地掌握决策权，导致集权程度较高。③如果管理人员数量充足，经验丰富而训练有素，管理能力较强，则分权会较多。还有企业的成长阶段、组织的动态特性、领导者的管理哲学等诸多因素都会影响企业分权与集权的选择。

二、包头日报发行公司的领导管理职责探索

为了便于管理，更好地服务于基层，进一步落实各自的管理职责，包头日报发行公司决定对总公司各部室分管工作加以明确，不仅提高了工作效率，也为员工自身发展提供了良好的平台。

由于公司实行总经理负责制，负责公司全盘工作，总公司的各项重大事项均由总经理做出决策。另外，总经理还直接负责 DM 包报广告部及经营推广部的经营管理，其他部门的领导职务和主要职责如表 11–2 所示。

表 11–2　部门领导职务与职责分工

领导职务	主要职责
总经理助理	协助总经理的工作；经营管理政策制定；公司发展规划的制订；报刊批零部的经营管理
综合办公室主任	督办财务部、人力资源部工作；监督公司规章制度落实情况；信息平台用户投诉等信息核实；总公司党建工作；公司服务质量管理；用户来信来访的接待
综合办公室副主任	公司下发文件管理；物资采购；外五旗县区报刊订阅与账务清理；公司车辆的用油管理；发放征询意见函；各项事务性活动的安排
发行部长	报刊收订工作、数据整理；报刊资金的管理；全公司各段道投递路线图的绘制建档；监督各分公司的夹页
财务部负责人	全公司的全年财务收支结算；财务监督、指导；分公司领导经营承包考核兑现；服从于报社财务科的业务指导
人力资源部负责人	负责全公司人员的工资核算，改革和完善工资结构的调整方案，负责员工入离职的管理、建档工作，执行总公司制订的工资改革方案，并对工资改革提出合理化建议；负责制定全公司各项业务培训工作的落实安排
运输部负责人	服从于综合办公室主任的领导；对全公司车辆进行全方位管理、监督；司机安全生产责任制度的监督；组织对所有司机的安全培训
网络运行部部长	负责全公司网络安全的稳定运行；做好信息安全保密；协调各分公司信息数据的调整，建立和完善公司的数据库

由于公司各重大事项的决策权在总经理手中，经营管理政策、公司发展规划由总经理助理负责制定并经总经理审阅，各职能性事务决策权力下放到各个职能部室领导手中，体现了集权与分权的良好搭配。部门领导的管理职责，基本按照组织结构中各职能部室的作用制定，在防止职责交叉的同时加强了各部门的联系。领导管理职责的明确，不仅保证了权责分明，为绩效评价与考核奠定了基础，还防止了领导闲散和不作为现象发生，使其做事有章可循，提高了效率，使公司管理制度科学化、规范化、最优化，更进一步推动了发行公司的科学发展。

第十二章　数字化背景下报刊经营的新探索

第一节　移动互联网时代的报网结合

21 世纪是互联网的时代，报纸受到以互联网为代表的新媒体的冲击，读者群减少，影响力降低，导致发行量和广告收益下降。需要创造出一种新的发展模式和新的盈利模式，方能使纸质媒体的发展立于不败之地。从根本上讲，媒体是一种文化产品，其向消费者销售的是丰富的内容，以获得更多人的关注，这是媒体价值的基础。因此，传统报媒的发展出路，就在于重新"夺"回读者，"夺"回广告投放商。要做到这一点，"争夺"网民是关键。借助网络这个平台，可以实现在原有体制和机制下不能实现的目标。因此，为了抓住并留住如此庞大的消费群体，保证报纸有良好的生存基础和巨大的发展前景，报纸应当走与网络相结合的发展路子——这才是报纸发展的根本出路。

为此，国内诸多报社都推出了自己的数字报刊。《包头日报》、《包头晚报》、《包头本周》均推出电子期刊，版面较多，内容丰富。《包头本周》甚至多达 32 个版面，内容涵盖了生活、教育、体育、娱乐、时尚、揭秘、广告等多个领域。即便如此，数字报刊仍已然成为一块"食之无味，弃之可惜"的"鸡肋"——高投入并没有带来真正的规模收益。究其原因，其一，运用旧思维运作新媒体，将新媒体狭义地定位为新兴渠道，忽视了新兴媒体的内在规律与本质属性。其二，随着移动互联网的发展，读者原本花费在 PC 和传统媒体上的时间正逐渐流向移动设备，其可以在任何时间、任何地点获取信息资源，充分利用碎片时间。

因此，移动互联网下的报网结合，应该利用移动互联网营销的方式，通过新的技术平台和新的传播方式去满足更多受众的愿望及需求，将体现报纸价值的基础——读者请回来，将报纸赖以生存的广告商吸引回来，以最有效的营销手段，将报纸在更广泛的范围内更多地销售出去。这绝不是简单地从传统媒体向新媒体的平移，而是要创造一种崭新的、立体的跨媒体营销方式和经营方式。所以，发展纸质媒体所采取的一切措施，都必须符合以下几个原则，方能有效促进媒体发展：在更大范围内吸引更多的读者；能更好地提升广告的价值，吸引广告商；实现报纸向跨地区、跨媒体的发展目标；进行多媒体的整合营销，提升媒体的品牌影响力。

为充分利用互联网营销，《包头日报》、《包头晚报》利用最近兴起的微营销模式，开通了微信公众号，直接面向最终读者，为读者实时推送有价值的信息资源，而且操作简洁方便，读者只需按操作步骤在微信中“添加朋友”——“公众号”进行搜索，便可添加关注，享受海量纷繁多样的信息，移动互联网营销已势不可挡。

第二节　报网结合的未来展望

在移动终端和 PC 机平台下，报社可以借助网络，利用集团各报纸的编采力量与资源，将报纸信息源的整体规模优势和报纸的传统声誉与互联网的信息综合集成展示能力相结合，做成一个有一定规模的、有丰富信息量的、有巨大影响力的网络媒体和大型新闻网站。这个网络媒体不只是一个内容集成的展示平台，而且是一个报纸信息的综合分类与加工整理的加工厂，这样可大大提升集团的品牌号召力，逐步整合其他媒体，实现效益最大化。

报社还可以建立视频网站，进行跨媒体和跨区域发展。目前，党中央号召大力发展文化产业，提倡国有媒体进行跨媒体、跨行业、跨区域发展，但在现行的行政区划和管理体制下，要真正进行跨媒体、跨区域扩张，是比较困难的。但是，网络的出现却给传统媒体的全方位扩张提供了极好的技术平台，使得原本困难重重的跨越，变得轻而易举。可以充分利用网络这个高技术平台，将平面内容与影像内容结合起来，以增强对消费者和广告客户的吸引力，如对区县经济的宣传，对旅游、房地产、酒店、求职、教育、医院、网络销售等领域的宣传，都可以通过有着跨媒体、超越区域性优势的网络视频来完成。从今后的发展前景来看，网络视频将不再仅仅是纸质媒体的盈利补充手段，甚至完全可能超越纸质媒体而成为一个独立的盈利平台。

传统报纸的经营是单一的，其结果是在同质化竞争的环境里，要么广告流失，要么广告价值不高，还导致了报纸发行量下降。现在我们要改变的就是这样一种单一的经营模式，实现对平面媒体的立体营销。具体做法是向与传媒相关的产业方向拓展，进行多元化经营。这种多元化拓展要紧密依靠不同媒体进行捆绑与交互经营，将相同内容以不同形式在不同媒体上发布，原先只在平面媒体上出现的广告，现在可以同时出现在不同的媒体上。这种多媒体展示所产生的综合效应，可以提升原有广告的价值，因而也就实现了对报纸的立体营销。

报网结合的未来应该是网络与报纸相辅相成、协同互促的发展进程。报纸的优势在于其拥有一手的信息内容、原创性强，不会像网络媒体一样虚假信息泛滥，而且在内容上具有一定的深度和侧重。而网络提供的信息量大，传播速度快，信息方便获取。两者的结合，是功能的促进，也应该是线上订购、线下收货的网购模式的体现，能够最大可能地为读者提供有益的信息资源，与此同时，能够为报社带来最大的经济效益。相信未来报纸不会消亡，而会因网络的发达散发出更强的活力！

附录 1

包头日报发行公司岗位职责制度汇编

2010 年 8 月在包头市委宣传部、《包头日报》领导的大力支持和关怀下，我们组建了包头日报发行有限责任公司，由于公司刚刚组建，各项管理制度还没有建立健全，管理工作缺乏规范化、制度化，在公司的运行过程中出现了不少问题，实践证明制定必要的管理制度来提高员工素质和职业能力是构筑技能型人才的重要途径，因此我们组织专业人员编写了报刊发行部部长、分公司经理、分站站长、内勤人员、备班人员岗位职责和相应的考核办法，发行投递员服务规范和相应的考核办法及投递段道划分方案的薪酬发放依据，供管理人员及员工在实际工作中认真学习、贯彻执行，亦可作为提高管理人员业务水平的参考资料。由于经验不足，编写过程中难免出现偏差，请在使用中及时把意见反馈给我们，我们将在运行中进一步完善。

这些管理是内部资料，各部门请注意保密。

包头日报发行有限责任公司

2011 年 4 月 1 日

附录 1-1　岗位职责

附录 1-1-1　发行部部门岗位职责

1. 在总公司领导下，做好报刊的发行投递工作，对各分公司的报刊发行、征订任务的完成情况作出计划，并跟踪检查落实情况。

2. 负责制定发行部门全年的发行计划和实施方案及报刊收订、续订工作的相关政策。

3. 编制报刊发行业务流程及管理办法，并对所属分公司发行站的报刊款进行督察、催缴、对报刊欠费进行追缴。

4. 负责制定报刊运输、分发、投递作业管理办法，并确保投递时限和服务质量。

5. 严格执行总公司制定的报刊投递服务质量监督检查考核办法（试行）及报刊综合作业时间表，并严格贯彻执行。

6. 严格执行发行公司制定的各项管理办法及规章制度，监督管理总公司制定的《报刊投递服务质量监督检查考核办法》中投递内部服务规范，外部投递服务质量的执行情况。

7. 负责对所属分公司分站在发行订阅投递质量中发生的突发事件及时进行处理，并配合总公司专职检查员做好投递服务质量监督检查工作。

8. 对报刊订户信息，市场动态进行收集、整理。

附录 1–1–2　发行部部长岗位职责

1. 在总公司领导下，做好报刊的发行投递管理工作，认真安排全年报刊的发行计划，并对各公司发行站发行计划执行情况进行督办。

2. 对各公司规划的投递段道的科学性、合理性情况实行监督指导，并使之进一步完善，建立与投递物流一体的投递网络。

3. 负责制定发行部门的岗位职责，使制定的各项职责有章可循、有据可依，并对本部门的各项管理工作实行总负责。

4. 严格执行，督促检查，各分公司对总公司制定的各项规章制度的执行情况。

5. 协助各分公司、分站有效完成总公司对发行部门下达的发行计划及各项任务指标的完成情况。协同市场部开发业务渠道，不断创新增收。

6. 无条件服从总公司下达到发行部的各项经营任务，并保质保量圆满完成。

附录 1–1–3　分公司、分站岗位职责

1. 在总公司领导下，做好报刊发行、投递等分公司内的各项管理工作，服从发行部的领导。

2. 负责制定规划发行投递网络的建设，对现有的投递段道进行合理划分，并进一步完善。

3. 做好分公司发行站报刊订阅，发行投递全过程的生产作业组织与调变管理工作。

4. 负责分公司、分站的人员管理，经营管理，安全生产，投递服务质量的监督检查。

5. 严格执行总公司及发行部制定的各项规章制度、考核办法，并按总公司制定的《报刊发行业务流程及管理办法》、《报刊投递服务质量监督检查考核办法》、《报刊综合作业时间表》、《报刊运输、分发、投递作业管理办法》组织作业，确保投递内部投递服务规范，外部投递服务质量的完成。

6. 协调处理投递生产过程中发生的用户投诉和突发事件。

7. 配合协调总公司市场部完成报纸夹送广告任务及市场的开发调研、信息收集，整理、及时反馈市场动态和订户需求，并积极承揽相关业务。

8. 配合总公司人力资源部进行人员招聘、培训考核、薪酬发放等项管理工作。

9. 负责分公司、分站的资金管理，严格执行总公司制定的资金审批制度与流程，及分公司费用的使用计划，合理安排资金使用，控制费用支出，执行总公司的财务制度，保证资金安全，提高资金使用率。

10. 做好分公司、分站物资资产的使用和管理工作，以及投递设备的发放管理工作。

11. 组织制定分公司、分站的业务发展规划、经营方针，进一步完善经营模式，经总公司确认后组织实施。

12. 无条件服从总公司制定的经营收入计划，保证圆满完成全年收入任务、收入计划。

附录 1–1–4　分公司经理（站长）岗位职责

1. 在总公司领导下做好报刊发行投递工作，服从发行部的领导。

2. 负责督导、投递网络建设和投递段道的划分情况，对分公司、分站报刊订阅，对投递全过程进行监督管理。

3. 负责分公司、分站的人员管理，经营管理，安全生产，投递服务质量检查，资金安全管理，财务管理，费用支出，物资生产的管理使用，投递设备的发放管理，车辆安全管理。

4. 严格执行总公司制定的各项规章制度及考核办法，并组织贯彻落实。

5. 及时处理投递过程中发生的用户投诉和突发事件，妥善解决用户投诉。

6. 配合总公司市场部完成报纸送夹广告业务及市场的开发调研信息收集、反馈，并积极承揽相关业务。

7. 配合总公司人力资源部做好人员招聘、培训、考核、薪酬核算发放。

8. 严格控制费用支出，提高资金使用率，做好物资资产使用和管理及设备的发放管理工作。

9. 制定大收订和日常征订计划，并按段道落实到人，按月对征订任务完成情况和下月工作计划进行总结和安排，书面报总公司发行部。

10. 分公司及分站每周应召开一次投递生产经营分析会，通报本周发生的问题及在报刊订阅和管理中存在的问题，并做出改进方案。

11. 组织制定分公司业务发展规划，经营方针，确保完成总公司制定的收入计划。

附录 1–1–5　分公司、分站备班人员岗位职责

服从分公司经理、分站站长及总公司专职检查员的双重管理，并在其领导下做好本职工作，具体职责如下：

1. 熟悉本区域内段道投递情况，随时做好缺员情况下的替班工作，并按照总公司制定的《报刊投递服务质量监督检查考核办法》做好分公司、分站的投递服务质量监督检查工作走访用户工作。

2. 按照投递报刊分发表将分公司订阅的报刊分发到投递段道内，做到准确无误。

3. 负责报箱的安装及报箱的损坏维修和更换工作，对发行投递员使用的雨衣、报兜等工具，要做好补充更换工作。并建立维修报箱，安装报箱情况及雨衣、报兜等工具的登统发放工作。

4. 协助分公司经理、分站站长及时处理区域内发生的用户投诉，并根据日常检查中的情况参与分公司发行投递员的业务考核以及优秀投递员的评选工作。

附录 1–1–6　分公司、分站内勤人员岗位职责

服从分公司经理、分站站长的管理，并在其领导下做好本职工作，具体职责如下：

1. 负责收取每天的报刊订阅款及相应的业务款额，所收款项必须在当日下午存入总公司指定的银行账户，并把相应的订阅单信息资料录入发行系统，汇款金额必须与银行存入的金额相符。

2. 按时将本周存入银行的汇款小票和订阅单交与财务对账。

3. 做好分公司内部各种单据的保管工作，按照《票据管理办法》及时与相关财务人员交接各种票据。

4. 确保录入发行订阅系统的订阅资料准确无误，并编入相关段道。

5. 按照实际使用情况发放报刊订阅单收据，使用完的报刊订阅单要以旧换新，对

已使用的报刊订阅单应审核号码是否连接，开出的款额是否正确，对丢失的订阅单要书面通知总公司财务部，总公司财务部通知各分公司声明作废。

6. 接收系统传来的报刊订阅信息后，应配合投递员认真填制手工报刊投递卡，应详细填写各项内容，以确保报刊的准确投递。

7. 每周末与总公司相关人员办理转单转来的订阅单、投递卡联单要按段道分段排列、存档，便于对手工制作的报刊投递卡进行核实、查询。不必冲顶手工填写的报刊投递卡。

8. 按月编制赠品盘点表，并于月底前交到总公司财务部，并填写赠品明细表的订单号、赠送内容、数量，最后由发行投递员本人签字。

9. 做好分公司、分站的考勤表、工资表的上报工作，并于每月 25 日前交到总公司人力资源部，并对所属分公司、备班人员、替班情况、节假日加班情况等认真进行登统填报。

附录 1–2　服务规范　职业守则

附录 1–2–1　发行投递员服务规范

一、作业现场

1. 现场封闭作业，未经允许，非工作人员不得进入现场。

2. 环境整洁，图表张贴整齐美观。

3. 发行投递员出班时要做到现场“二净”，即桌面净，作业现场净。

二、基本标准

1. 报纸实行报箱投递，用户有特殊需求的，投递人员应与用户协商解决具体投递方式。

2. 报刊投递用户满意率达到 95%以上。

3. 报刊妥投率达到 100%。

三、服务纪律

1. 严格遵守职业道德，不准将报刊携带回家，严禁积压、延误、隐藏报刊。

2. 按相关规定进行内部处理和外部投递，认真执行定位妥投，不得擅自停投报刊。

3. 遇报箱损坏时要及时通知维修部门维修或更换，投递工作完毕后，必须办理交班后方可下班。

4. 投递时要使用文明用语，按相关规定操作。

5. 及时处理用户来电来访，并详尽解答用户业务咨询，对用户报刊投诉要实行首问责任制。

6. 严禁违反规定乱收报刊款以外的任何投递服务费。

附录 1–2–2　发行投递员职业守则

1. 爱岗敬业、恪尽职守。
2. 遵纪守法、严守秘密。
3. 诚实守信、尊重用户。
4. 礼貌待人、热情服务。
5. 及时投递、准确无误。
6. 团结协作、顾全大局。

附录 1–3　各岗位考核办法

附录 1–3–1　分公司经理月绩效工资考核办法

为了提高管理人员的管理水平，增强其责任感，使其尽职尽责地做好本职工作，确保总公司制定的各项规章制度的贯彻落实，特制定《分公司经理月绩效工资考核办法》，请各分公司经理严格执行。

一、资金安全管理方面

1. 认真做好分公司的资金管理工作，严格执行总公司制定的资金审批制度及费用使用计划，对报刊订阅款要督促员工按日清缴，防止报刊资金的损失，对报刊欠费应按总公司制定的欠费交款时限督促欠费责任人按规定清缴，如出现责任人恶意欠费造成资金损失的，除按规定考核报刊订阅责任人外，同时扣除分公司经理绩效工资，一次一笔 100 元。

2. 报刊订阅单的请领和发放要建立严格的交接办法，定期对订阅单的使用情况进行跟踪检查，如发现订阅单丢失应及时向总公司进行汇报。对检查中发现未建立报刊订阅单交接签收请领登记的，扣罚绩效工资 100 元；丢失订阅单不进行上报造成报刊订阅资金损失的，一次一笔扣罚绩效工资 50 元。

3. 回收旧报、夹报收入及物流收入等其他账务收入应建立账簿，做好资金流向登记，账目应清楚。未建立账簿、流向无记录、账目不清楚的，扣罚绩效工资 300 元。

4. 建立经营承包费用使用计划簿，对总公司所核定的支出费用应做到心中有数，合理使用计划费用，未建立使用计划登记簿的扣除绩效工资 50 元。

二、业务管理方面

1. 应按日使用总公司制定的发行投递员出归班记录表，做好每日的出归班记录，一日未做归班记录扣罚当月绩效工资 5 元。

2. 投递段道没有建立报刊投递卡和报刊分发表的，缺少一个段道，扣罚绩效工资 10 元。

3. 每日发送的归班短信必须在投递结束后向总公司信息平台发送，没有发送的，除扣罚员工 10 元罚款外，同时扣罚分公司经理当月绩效工资 5 元。

4. 每日接收运输部司机转来的报刊捆，不在每日的交接记录单上签字，造成报刊缺少无法追回的，除扣罚分公司接收人员外，同时扣罚责任分公司经理绩效工资，一次 20 元，同时承担报刊缺少的赔偿责任。

5. 各分公司备员没有按照总公司按月规定的检查频次做好内部监督检查工作的，属分公司经理失职责任，每缺少一天扣除分公司经理绩效工资 10 元。

三、安全管理方面

1. 未按规定将车辆停放在指定地点，或未经总公司领导同意向外借用车辆，或将车辆交给他人驾驶，或饮酒驾驶造成交通事故的，一次扣罚分公司经理绩效工资 200 元。

2. 员工发生意外伤害未及时上报人力资源部，造成事后责任的，一次扣罚分公司经理绩效工资 200 元。

3. 按照安全生产的要求，做好防火防盗的管理工作，违反公司管理规定，一次扣罚分公司经理绩效工资 10 元，造成责任的一次扣罚 200 元。

4. 在生产场地吸烟，发现一次，除扣罚违章人员 200 元外，同时扣罚分公司经理 50 元。

四、设备管理方面

1. 应按照总公司要求，建立报箱使用安装情况档案，未建立档案的扣罚绩效工资 50 元。

2. 做好报箱安装情况的监督检查工作；因群式报箱安装不固定造成人身安全事故的，一次扣罚分公司经理绩效工资 500 元。

3. 由于管理工作失职造成固定资产损坏、丢失的（除偷窃案件外），扣罚分公司经理 500 元。

五、服务质量方面

对投递生产过程中发生的用户投诉和突发事件应及时妥善处理，凡因未及时处理引发后患造成经济损失的，扣罚绩效工资 100 元。

六、其他管理方面

1. 发生夹报业务报送数字造假或不报的，按夹报业务管理办法执行。

2. 分公司经理应妥善安排好每天的工作，有事应向总公司请假，不得无故不到岗，发现一次，按相关出考勤管理办法执行。

3. 分公司经理办事应公开公正，对事不对人，不得随意解除员工，必须履行人事制度，违反规定的一次扣罚200元。

4. 配合人力资源部做好人员招聘工作，必须和招聘员工认真履行招聘手续，未向公司上报和私自招聘人员的，总公司不予认可，费用自付。

5. 不得私自增加备员、内勤人员，确需增加的应向总公司上报，待总公司认可后方可进行补员。

6. 不得随意变更投递段道和增设投递段道，违反规定的总公司不予认可，并扣除当月绩效工资100元。

7. 严格履行请示上报制度，按办公程序办理工作手续。

8. 对总公司所发文件应认真理解、传达装订整理，并严格执行。扣除不执行者当月绩效工资100元。

9. 对总公司要求限期办理的各项工作，应按总公司要求落实到位并按时上报，未认真执行的扣罚绩效工资100元。

10. 无条件服从总公司制定的经营收入计划，履行经营承包责任书中签认的各项指标。圆满完成管理目标费用支出计划及收入计划。

11. 本考核办法未涉及的条款，按总公司制定的相应考核办法执行。

12. 本办法从2012年3月25日起执行。

附录1–3–2 分公司内勤、备班人员岗位职责考核办法

为了做好本职工作，配合分公司经理、分站站长圆满地完成总公司下达的各项任务，确保报刊投递服务质量的提高，特制定本办法。

一、内勤人员考核项目及处罚规定

1. 对当天收取的报刊订阅款，报刊零售款必须在当天下午存入指定银行。未按规定执行的每发现一次扣罚20元，造成资金损失的由个人赔付。

2. 未将本周存入银行的汇款小票和订阅单交与财务进行对账的，一次扣罚50元。

3. 各种单据未按职责保管造成丢失，或未及时与相关财务人员交接各种票据造成责任的，根据责任轻重分别给予扣罚20~100元。

4. 未将订阅单当日信息资料录入发行系统，未及时编入相关投递段道的造成投递数字不对或错误的，一次一件扣罚 10 元。

5. 对使用过的报刊订阅单进行审核，并按实际使用情况发放，不按实际情况发放和未按规定审核的，一次扣罚 10 元。

6. 对转单接收的报刊订阅系统信息，未认真与发行投递员填制手工报刊投递卡，造成投递员漏投并引发用户投诉的，一次扣罚 10 元。

7. 发放的赠品应建立明细表并与发行投递员办理交接签收，未按职责办理的，发现一次扣罚 10 元。

8. 应上报的考勤表、工资表，应按规定日期上报，影响人力资源部酬金发放的，一次扣罚 20 元。

二、备班人员考核项目及处罚规定

1. 按照总公司制定的《报刊投递服务质量监督检查与考核办法》，认真做好本公司的投递服务质量检查工作，未按规定履行检查职责造成用户投诉，影响本公司投递服务质量指标的扣罚 100 元。

2. 备班投递工作中发生的服务质量问题依照总公司制定的《报刊投递服务质量监督检查考核办法》相关规定进行考核扣罚。

3. 做好报箱安装及投递设施等工具的登统发放工作，未按规定执行的扣罚 20 元。

附录 1–3–3　分公司、分站考勤制度及考核办法

1. 分公司经理、分站站长或内勤人员负责本部门的考勤，并严格执行考勤制度。

2. 发行投递员上班迟到 1 次扣罚 5 元，每月累计迟到 3 次以上扣罚 50 元，无故脱岗一次扣罚 100 元。

3. 请病假需有医院的病情诊断书，请病假一天扣发当日工资的 90%；请假 2~3 天，核发当日工资的 70%；请假一周以上核发当日工资的 50%；没有医院诊断证明的按事假扣发日工资。产假按国家规定执行，超出国家规定时间的按事假处理。

4. 婚假、丧假、法定假根据国家劳动部门有关规定执行，按带薪假处理，超出规定时间按事假执行。

5. 员工请假先到分公司经理及分站站长处办理手续，经部门经理批准后方可离岗，不可用电话口头方式请假，事假超过一个月，养老保险、医疗保险由自己承担。

6. 无故脱岗 3 次，予以辞退。

7. 请假员工应在到假时到部门负责人处办理销假手续。

8. 严格遵守分公司制定的各项会议规定的时间，无故不参加者，按旷工处理。

附录 1–3–4　报刊发行业务流程管理办法

报刊发行业务是由报刊收订、内部处理、外部投递三大部分组成，作业流程包括收订、缴款、审核、汇总要数、分发、运输、投递等环节。

一、收订

1. 收订方式为用户到总公司、各分公司、分站订阅，上门征订，报刊发行员收订，报社、宣传部以及外围旗县区宣传部订阅等方式，订期分为整订、破订或会议用报，整订即按整年、半年、季度、月整订，破订即从年中、月中订阅，月底截止。

2. 无论是整订、破订，订阅报款均应一律交清，因特殊需要而欠款的单位，由报社具体负责人及发行公司具体负责人签字担保，并办理相关欠款手续，在录入系统订阅资料中显示欠款。

3. 报刊订阅单是订户订阅报刊的凭证，也是总公司、分公司、分站内部业务处理的依据，报刊订阅单一式四联，分别由存根、收据、财务入账、投递卡组成，填写时应按照订户名、地址、联系人电话、报纸名称、起止日期、订阅份数、金额、金额合计等项目依照顺序正确填写，并留有经办部门、经办人姓名和电话。

4. 报刊订阅单四联必须一次复写，顺号连续使用，各项款额不许涂改，开错作废，注销备查，另开写新收据，更改应加盖名章，长期订阅的报刊一次开写一份收据，不得分月、分季和分半年填写。

5. 订阅单上的起止日期、订阅份数和共计款额不得更改，破订报刊跨月、跨季和跨半年的整订与破订一般分别计算，分别详细填写破订和整订的报刊订阅单。

二、缴款

1. 为了加强对报刊款的管理，避免账目混乱，无论哪种报刊订阅方式，报刊款都应做到当日必须缴款且于当日将详细报刊订阅资料录入信息系统，各分公司、分站内勤人员都要对当日发行员收订的报刊进行分类，分开整订、破订，应收款额核对相符后当日存入指定的银行账户，并在一周内将存入银行的汇款小票和订阅单交与财务进行对账，并按相关规定办理。

2. 各分公司、分站发行投递员上交本公司内勤人员的报刊订阅款时，内勤人员应给发行投递员开写收款凭证。

3. 总公司财务直接订阅的报刊，除财务入账联入账外，存根联交由网络部留存保管，投递卡联由网络部将报刊订阅资料录入负责投递的分公司、分站的信息系统后，将投递卡联转交相应投递的分公司、分站。各分公司、分站互相订阅的报刊应当天将报刊订阅资料录入信息系统，之后将其订阅单随内勤交款交总公司财务入账联，投递卡联由网络部转交相关投递分公司、分站。

4. 各分公司、分站转址或更改地址的报刊订阅单，修改地址后转交网络部转址，订户退报时应由相关分公司、分站内勤填写报刊退款单交分公司、分站负责人，网络部负责人审核后持收回的订户订阅单（代收据）联到财务部门办理退款手续，同时要求分公司、分站修改报刊订阅资料录入系统，发行投递员应接内勤通知后修改报刊分发表（手工填写的投递卡）撤卡。并按退订日期停投。

三、审核

在投递份数与系统数据不一致的情况下，分公司、分站内勤人员应该复核投递份数和款额是否相符，并及时与发行投递员进行认真核对，审核内容包括：①投递卡上的报刊名称地址、姓名、份数、起止日期是否正确。②按报刊分类、分整订、破订、合计投递卡的款额及其共计款额是否相符。

四、汇总要数

1. 网络部根据各分公司、分站报刊订阅数据进行复核并根据实际订阅、委投、赠阅、零售的份数进行要数，要数应准确无误，不允许发生漏要、错要等差错。严格按照规定的时限：《包头日报》、《包头晚报》每周五上午，《包头本周》、《都市 7+1》每周二上午，不得提前或推迟。

2.系统订阅资料是处理业务和分析发行情况的重要凭证，投递卡是投递报刊的依据，财务联是财务部门复核的原始凭证，存根是网络部订阅报刊复核的原始凭证，必须妥善保管。

3. 网络部复核完各分公司、分站的报刊订阅准确数字后，要填写报刊要数通知单，交由发行部相关人员进行复核，无误后转交印数负责人。

4. 各分公司、分站内勤每日就投递员日结款单报刊投递份数进行复核，每月末进行汇总，根据本月实际业务发生情况与总公司网络部及财务部进行结算，核对份数。

五、分发

报刊分发人员每日要按本公司分站接收的报刊订阅量进行核对，无误后，将报刊按段道分发到每个投递段道，要求分发数字准确无误。

六、运输

各分公司报刊运输人员每日应对报社印刷厂报刊分发人员分发的报刊及报刊袋捆认真清点，并与印刷厂分发人员办理签收后，按规定的时间将报刊运送到各分公司、分站后，再与分公司、分站接收人员进行签收。

七、投递

投递作业是报刊发行流程中的最后一个环节，因此投递卡的处理尤为重要，内勤人员与投递人员应根据信息系统订阅资料（包括转单）按段道进行手工分抄投递卡，按投递段道、投递路线整理排列，对报刊的增减数字及时更改，需要更改投递段道的必须通过内勤与网络部及时联系填注新投递地址。对已填写的投递卡因地址不详或错误而造成无法投递的，发行投递员须在次日与本公司、分站内勤核对，及时更正。大单分解由网络部分解到各分公司、分站，再由分公司、分站内勤人员分别按详细地址手工分抄投递卡，安排相应段道进行投递。

附录 1–3–5　报刊分发操作流程及管理办法

为了确保报刊的分发处理时限，使报刊能够准确无误地按时限分发，保证运输环节能够按规定时限顺利正常运输，及发行投递工作按时限要求正常投递，特制定报刊分发操作流程及管理办法，望分发人员遵照执行。

1. 分发人员必须按照规定的时间 0：30 前到达分发现场，按照要求服从分发组长的安排，从分发工作开始，到运输车辆发车后终止作业。

2. 按照发行部及网络运输部每周四核定的报刊要数进行分发，对每周要数的增减数字做到及时调整，确保准确无误。

3. 严格按照总公司制定的《报刊运输分发投递作业管理办法》进行打捆分发。做到数字准确无误，所打的报捆必须上下衬垫，防止报刊损坏。

4. 对各分公司报刊的零份数也应单独扎捆注明。

5. 报刊分发结束后，分发组长与各分公司负责运输的司机应认真办理交接手续，在各分公司运输司机认可报刊捆及零份数报刊捆后，由运输部司机在报刊交接签收单上签字交接。

6. 报刊分发组长要对每天报刊印刷结束的时间、交到分发组的时间和交给运输车辆的时间认真做好记录，以明确印刷厂的印刷结束时间和报刊分发处理时间的责任划分。

7. 报刊分发组长应对当天所分发的报刊数字承担责任，对错分到其他分公司的报刊捆及错分数字，应负责进行追查，同时向发行部部长进行汇报，及时处理。

8. 凡错分报刊但在各分公司运输报刊车辆发车前及时进行调整的，不按差错统计；但因分发错误造成当天无法投送的，总公司将按相关考核办法对分发人员进行处罚。

9. 总公司及发行部要对报刊分发质量进行不间断的抽查检查，对检查发现的各类违章违纪情况要及时处理，确保分发工作的正常进行。

附录1-3-6 报刊运输、分发、投递作业管理办法

为了确保报刊的传递时限，并且按照“报刊综合作业时间表”规定的时间作业，将报刊的运输、分发、投递等环节顺利地按计划组织实施，特制定本办法。

一、对印刷厂报刊分发员及各分公司报刊运输人员的要求

负责运输报刊的人员，应按公司制定的“报刊综合作业时间表”规定的时间，将报刊准确无误地运送到各公司及分站。对各分公司每天报刊的增减数字，报社印刷厂报刊分发员应做到准确无误，在规定的分发时间内对各种报刊进行分发，并按各分公司进行打捆，装入报刊专用袋，并封口拴挂各公司站点标签。同时在各分公司报刊交接登记簿上标注版别、份数及各种报刊总数，交给各分公司负责运输报刊的人员，运输人员应在报刊交接登记簿上签字，将已封好的本公司报刊袋清点装车，并按规定时间将报刊转运到本公司及发行站。确保数字安全准确。

二、对各公司、分站分发人员的要求

各分公司、发行站要指定专人，接收运输人员转来的本公司报刊袋，数字核对清楚后，在报刊转交登记簿上签字接收。各分公司、分站分发人员，对接收的报刊总份数进行清点，无误后，按照各段道报刊分发表数字将报刊分发到投递段道内，要求数字准确无误。发行投递人员不得私自抽取报刊。

三、对发行投递人员的要求

发行投递人员对本公司分发人员分发到本段道内的报刊要按下列办法进行操作：

1. 清点报刊总数与投递给用户的报刊总份数是否相符，如不符，应在当班未出班之前及时向分发人员反映，双方进行核对。

2. 多分到本段道内的报刊也应及时由当班退交分发人员（否则将造成本公司报刊总数缺少），不得私自留存。

3. 因拿到报刊后未清点总份数造成数字不符或分发结束后发现缺少或数字不符的，后果本人自负。缺短份数由发行投递员从零售报刊中自行购买，补投用户。

4. 领取报刊后通过清点总份数发现缺少并通过分发人员认可的（但因本公司当天无多余报刊又无法当班补救的），由公司负责补报或退赔用户。

四、其他规定及要求

1. 各公司发行站报刊运输人员、报刊分发人员、发行投递人员应严格按照“报刊综合作业时间表”规定的时间进行作业，各环节由于未按时间作业造成责任的，将追究相关环节责任人的责任。

2. 发行投递员必须按照“报刊综合作业时间表”规定的时间出班和归班，不得无故不出班或脱班，如因天气原因或其他原因，确实无法按规定时间出班的，可推后顺延出班，但当天必须投递。

3. 凡接收报刊袋的站点，对当天接转的报刊袋空袋应当日交给报刊运输人员带回印刷厂，各分公司发行站不得留存空袋，影响报刊的次日交接。

附录 1–3–7　报刊分发现场管理办法

1. 严格执行总公司制定的各项规章制度，对违反规章制度的行为按考核办法处罚。

2. 严格执行印刷厂制定的各项规章制度，对违反规章制度的行为按考核办法处罚。

3. 上岗前应着标志服，夏季严禁穿拖鞋或赤身上岗。

4. 严禁班前饮酒，凡违反规定的不得上岗，按旷工处理。

5. 工作现场严禁吸烟，违反规定的第一次处罚 200 元。第二次发现违反此项规定的给予辞退。

6. 严禁分发人员私自将报纸带出分发现场，凡发现私自将报纸带出分发现场的，一份按报刊零售价格的 2 倍给予处罚。

7. 特殊情况下带出分发现场的报刊须经总公司领导认可或备案。

8. 严禁分发人员随意抽取报刊，发现一次或总公司抽查发现一次，按报刊零售价格的 5 倍给予处罚。

9. 严格执行报刊交接签收制度，对违反规定未按要求办理交接签收的，每漏签收一次罚款 10 元。

10. 现场作业结束，应对分发现场进行卫生清理，保持现场的整洁，使现场保持良好的工作环境。

11. 凡违反上述规定或总公司制定的各项规定，必须接受总公司的考核处罚。

本制度从 2012 年 3 月 20 日起执行。

附录 1-3-8 报刊投递服务质量监督检查考核办法（试行）

为了更进一步加强报刊投递服务质量的检查工作，本着一级抓一级、层层负责的原则，切实把服务质量检查工作落到实处，特制定本办法。

一、对本公司专职检查员分管部室领导的要求

1. 对专职检查员的检查工作进行督导并按月对专职检查员的检查记录进行审阅，对专职检查员的检查工作负总责。

2. 对影响较大的用户投诉及时进行督察处理，并及时反馈给公司总经理，协同检查员对责任分公司责任人按相关规定进行考核处罚，并拿出处理意见，将处理结果书面报公司总经理或总经理助理阅示。

二、对总公司专职检查员的要求

1. 配合总公司相关部室负责人对总公司财务账务、分公司分站报刊订阅款的收缴款情况及账务往来账目进行不定期抽查、检查。

2. 对各分公司、发行站报刊投递服务质量实行总负责。

3. 总公司专职检查员的具体检查办法：

（1）每月对各分公司、分站的检查不应少于 10 天，并深入基层对发行投递工作进行指导，深入基层检查时应做好检查记录，按旬请分管部室领导审阅。

（2）检查内容包括：调阅各分公司、发行站检查人员的检查记录，并实地对报刊订阅户进行抽查走访，同时调阅各分公司检查人员的走访用户记录情况。

（3）每半年发一次征询用户意见函，以促进服务质量的提高。

（4）对发行投递员内部服务规范、外部投递质量情况进行现场检查和实地抽查，并根据当月检查情况记录，按月在 25 日前编发服务质量检查情况通报，通报发至各分公司、分站，同时发送到总公司各部室领导及总经理助理、总经理。

（5）对每月检查发现的问题按本考核办法进行考核，并在当月核发工资中报财务部门进行扣罚。

（6）对久查不改的问题下发服务质量整改单限期整改。

三、对各分公司、发行站检查人员的要求

1. 对分公司的服务质量检查每月不少于 15 天，并做好检查工作记录。

2. 检查内容包括内部服务规范检查、外部投递服务质量检查、走访各段道报刊订户检查了解投递服务情况。

四、对违反投递服务质量的具体考核项目及处罚标准

（一）内部服务规范考核项目

1. 按规定的“报刊综合作业时间表”按时到岗，并在投递出归班记录上签字。

2. 上岗应着公司配备的统一标志服，佩戴工号牌。

3. 按“报刊综合作业时间表”规定的报刊分发时间分发报刊。

4. 按规定的投递出班时间统一出归班。

5. 按规定及时修改报刊投递使用的报纸分发表中报纸变动数据，确保准确无误地妥投。

6. 多分发到本段道内的报刊应及时退交分发人员。

7. 报箱钥匙应严格保管不得丢失。

8. 不得无故旷工、脱岗，有事应提前一天和分公司领导请假，并按规定办理相关请假手续。

9. 按时到岗，不得迟到和无故推后到岗时间。

10. 不得擅自停投报刊。

11. 分发报刊现场严禁吸烟。

12. 不准将报刊带回家中，或积压、延误、隐藏报刊。

13. 发行投递人员不得私自抽取报刊。

（二）外部投递服务质量考核项目

1. 报刊按规定实行定位妥投，不得误投、漏投、不投。

2. 同一订户的投诉不得再次发生。

3. 详尽解答用户的业务咨询，使用文明用语，正确对待用户投诉。

4. 不得违反规定，乱收报刊款以外的投递服务费。

5. 当班未投出的报刊，归班时应和分公司分站领导讲清楚原因，否则按积压延误处理。

（三）内部报刊运输分发考核项目

1. 负责运输报刊人员要按照公司制定的“报刊综合作业时间表”接转报刊。

2. 印刷厂分发人员应对报刊进行打捆，拴挂袋牌标签，并要求各分公司运输人员

在交接登记簿上签字。

3. 各分公司报刊接发人员应按照公司制定的《报刊运输、分发投递作业管理办法》规定与运输人员进行报刊的交接签收。

4. 各分公司对转运报刊使用的空袋必须当日交由运输人员收回交印刷厂分发人员，不得留存积压报刊袋，影响次日报刊交接。

五、违反上述考核办法的处罚标准

（一）违反内部服务规范处罚规定

1. 发行投递员未在投递出归班记录上签字，一次扣罚 2 元。

2. 上岗未着统一标志服、未佩戴工号牌，一次扣罚 5 元。

3. 各分公司分发人员未按规定的综合作业时限分发报刊，造成投递无法出班的，一次扣罚 50 元。

4. 发行投递员未按规定时间出班，一次扣罚 2 元；未按规定时间归班，一次扣罚 10 元。

5. 不按规定对报刊投递数据及时修改延误投递或数字不对的，一次扣罚 10 元。

6. 多分发到本段道内报刊，不当班退交分发人员的，一份一次扣罚 2 元。

7. 丢失报箱钥匙造成报刊无法投递的，一次扣罚 200 元。

8. 无故脱岗，一次扣罚 100 元。

9. 上班迟到，一次扣罚 5 元。

10. 擅自停投报刊，一天罚款 200 元。

11. 在分发报刊场地吸烟，一次扣罚 10 元。

12. 报刊带回家中或隐藏报刊，一次一份扣罚 2 元。

（二）违反外部投递服务质量处罚规定

1. 误投、漏投报刊，用户申告属实的，一次一份扣罚 2 元。

2. 报刊订户重复投诉久查不改的，一次扣罚 20 元。

3. 和用户争吵，一次罚款 20 元。

4. 违反规定乱收报刊费以外的服务费用，发现一次扣罚 50 元，责令其退还所收费用，并按贪污处理。

5. 当班未投出的报刊归班后私自存放按延误处理，每份扣罚 5 元。

（三）违反报刊内部转运分发规定的处罚规定

1. 运输人员未按规定的作业时间转运报刊，一次扣罚 20 元。

2. 印刷厂分发人员未按规定对报刊打捆拴挂袋牌标签及各分公司运输人员未在交接簿上签字的，一次扣罚 10 元。

3. 各分公司接发运输报刊人员交给的报刊后，未在运输报刊接收簿上签字的，一次扣罚运输人员 5 元。

4. 空袋必须当班退转，延误一次一条扣罚 1 元。

六、奖励

1. 用户表扬一次奖励 2 元，口头表扬由信息平台统计后再由总公司专职检查员汇总报总公司财务。表扬信表扬由总公司专职检查人员统计汇总报总公司财务，一次奖励 20 元。

2. 电台、电视台、新闻媒体表扬一次奖励 300 元。

七、本办法从 2011 年 4 月 1 日起执行

八、本办法解释权归总公司综合办公室

附录 1–3–9　报刊发行业务处理及资金安全管理考核办法

为了完善报刊收订、内部处理、外部投递工作，确保报刊资金的安全，特制定本考核办法。

一、发行投递员

1. 对当日所订报刊款，无论整订、破订均应当日向本公司内勤一律交清，当日未按规定交纳报刊订阅款的，一次扣罚 10 元。

2. 报刊订阅单必须一次复写，按顺号使用，各项款额不得涂改，更改应加盖名章，不按规定办理的，一次扣罚 10 元。

二、分公司、分站内勤

1. 当日未将发行投递员交来的报刊款存入指定银行，未将本周存入银行汇款小票和订阅单交与总公司财务对账的，一次扣罚 50 元。

2. 各种单据未按职责保管造成丢失，未将订阅单资料录入发行信息系统，未及时编入相关投递段道的，一次一项扣罚 30 元。

3. 未认真对接收的报刊订阅单订户信息系统与发行投递员按段道填制手工报刊投递卡或抄卡错误，造成投递漏投、错投的，按总公司对分公司内勤人员制定的岗位职责相关考核办法扣罚。

4. 对需要更改投递地址或转址、退订的订户报刊，未及时交网络部办理手续的，

一次扣罚 20 元。

三、网络运行部

1. 未将总公司财务收订的报刊订阅资料及时录入信息系统，或未将相应投递卡联及时转交各相关分公司、分站的，一次一项扣罚 20 元。

2. 对各分公司、分站转址或更改地址而报刊订阅单未及时转址的，一次扣罚 20 元。

3. 订户退报时未认真审核手续，造成责任的，一次扣罚 10 元。

4. 汇总要数数字不准确，漏要、错要数的，一次扣罚 10 元，造成投递漏投用户申告的，一次扣罚 20 元。

四、分发

分公司、分站分发人员应按总公司制定的《报刊运输分发，投递作业管理办法》将报刊按要求分发到投递段道，未按要求办理的，一次扣罚 15 元。

五、运输

运输人员未按《报刊运输、分发、投递作业管理办法》规定时间运送报刊的，一次扣罚 50 元。

六、投递

未按规定每月核对报刊投递卡，未及时更改报刊的增减数字，造成无法投递报刊的，一次扣罚 20 元。

附录 1-3-10　投递归班方式改为手机发送短信形式的管理办法

为了方便管理投递员归班，公司研究决定从 2011 年 4 月 14 日起，发行投递员的归班方式改为以手机发送短信形式办理，具体要求是投递结束后即可发送短信，短信内容为：“NB+我已归班+姓名+分公司、分站名称”，发到 10629898（注：字母 NB 必须大写才可发送）。

所发短信不收取费用，请各分公司、分站将该通知传达到每位发行投递人员，总公司信息平台将对归班情况进行网上监督，投递员编发短信结束时间为 12：00。

附录 1–3–11 揽收轻物流快递业务的流程及管理办法

为了做好总公司近期开办的轻物流服务业务，使内部流程及时快捷，更有效地减少成本，缩短内部处理时间，满足消费者的需求，完善内部管理，使该项工作健康顺利发展，特制定本办法。

一、总体目标

通过市五区和外围旗县的报纸专用车辆，以及发行投递网络点多面广的优势，实现市区内 1 小时，外围旗县 3 小时之内完成轻物流快送的货物配送业务。

二、轻物流货物配送流程

1. 昆区地区 8：00 至 17：30 接到用户要求发货的信息后，由信息平台通知综合办公室，综合办公室派车取货，所取货物属于市内范围的，由总公司和昆区分公司派车送到用户指定地址。

2. 昆区地区 8：00 至 17：30 接到用户发往外围旗县的发货信息后，由综合办公室或昆区分公司派车取货，取回货物后，通知旗县报纸运输车辆 17：00 来总公司取货。

3. 市内各分公司、分站投递区域范围内，接到用户发货信息后，8：00 至 9：00 取回的大件货物随车投报纸的车辆投送到用户指定地点，9：00 至 17：30 接到用户发货信息的，市五区范围内（包括投递区域）利用车投报纸的车辆在归班后进行投送。

4. 属于小件零散货物或同城特快，市内各分公司 8：00 至 9：00 接到发货通知的且取回后涉及段道可推延投递，投递员投递报纸时一并带出。14：30 至 17：00，各分公司对揽收的属于本投递区域内投送的，安排投递人员单独投送。不属于本投递区域范围内投送的，由各分公司次日早晨到印刷厂取报车辆时带回，转交相应的投递分公司，由相应分公司投递员随报纸投送。

三、取货和配送时间规定

1. 市五区随时取货，小件货物如能随报刊投递，则随报刊一起投递，不能随报刊投送的小件货物，安排投递员下午投送。大件货物由各分公司车投报纸的车辆下午投送。

2. 接到用户通知发往外围旗县的货物，由相应各分公司上门取货，取回后17：00 通知旗县报纸运输车辆到分公司取货，发往旗县的货物一天只发车一次，揽收取货时告知用户。

3. 从 2011 年 7 月 1 日起，外围旗县的报纸交由旗县报纸运输车辆统一运输到外围旗县，不再使用长途车辆代转的方式运输。

四、上门取货及内部交接手续

1. 各分公司接到信息平台发出的接货通知或货主打来的电话要求发货时，应及时上门取货，取货时应填写“物流运输协议书”，并认真清点货物数量、查看是否属于违章、违禁物品，应严格执行国家法律的规定。查核无误后再与用户办理交接手续。

2. 所开写的物流运输协议书应一式三联，一次开写，开写时应写明货物的名称、件数、每件资费、合计资费、送货地点、送货司机姓名、送货车辆号码等内容，以货到付款的方式结算。所开写的协议书一联交用户，一联由揽收的公司留存，一联交给运输司机。不需旗县配送的货物，物流运输协议书可不给运输司机，分公司可留两联。

3. 货物取回后，应分堆码放，并填写货物投递清单，一式两份，属于各分公司内部投送的，一份给投送人员，由收件人签字后交回，一份留存。属于外围旗县配送的，一份交配送司机，交由收件人签字后司机留存；属于旗县配送的，由司机在各分公司留存的一份货物投递清单上签字。

4. 物流运输协议书及用户签收的货物投递清单作为向货主收取运输费的依据，应妥善保管。

5. 发往外旗县的货物，各分公司在与配送司机交接时，将已开写的物流运输协议书，一式三联，一联由揽收公司留存，一联交给货主，一联交给配送司机，并填写货物投递清单，一式两份，由取货司机在货物投送清单上签字，同时在协议书上签字，货物投递清单一式两份，一份由揽收公司留存，一份由配送司机交由揽收用户签字后由司机留存，作为配送司机与各公司结算费用的依据。

6. 各分公司揽收的配送收入，应全部交到总公司财务，财务部门按月与各分公司及配送司机进行结算（同时配送外围旗县的报纸费用也于每月 25 日给予结算）。

五、各分公司应尽的责任与考核办法

1. 未按信息平台发通知取货的单位，造成收入流失，按所应收费用的 10%承担失职罚款。

2. 未按总公司规定收取费用或降低收取费用的，按损失部分的 10%给予赔付。

3. 接收货物时未认真核对货物种类，造成违章接收或易碎破损的由揽收单位承担损失货物责任。

4. 所收货物未认真清点，造成短少，已接收的单位为责任人，并承担赔偿责任。

5. 投递中造成货物丢失、损坏的，投递人员应承担赔偿责任。

6. 所收货物配送收入未及时交到财务部门，财务部门不予结算费用。

六、配送货物司机的职责

1. 各分公司揽收的外围旗县配送货物 17：00 前必须按规定由分公司通知旗县报纸运输车辆取货，并认真办理交接手续，已接收的货物，由司机承担责任。

2. 未按要求将外围旗县配送货物运送到指定地点造成用户拒付运输费用的，由司机承担。

3. 投送不到位或未由接收货物人签字，造成货物无下落的，由司机承担责任。

4. 所带运的报纸未按规定当天投送到指定地点，造成订户投诉的，由司机承担责任。

5. 发生交通违章、交通事故责任的，由司机协商交通部门处理，总公司不承担责任。

6. 车辆的各种费用均由配送司机自己承担。

7. 各分公司配送货物的司机及投递人员，在投送途中造成货物丢失、损坏的，由投送人员承担责任。

附录 1-4　报刊综合作业时间表

2011 年 4 月 1 日起执行

单位＼项目	印刷厂报刊分发处理交各分公司转运车时间	报刊转运车到达各分公司时间	各分公司内部报刊交接与分发到段道时间	各分公司段道内部处理时间	各分公司段道外部投递时间	投递员发归班短信时间
印刷厂报刊分发	5:30~5:50					
昆都仑区分公司		5:50~6:20	6:20~7:00	7:00~8:00	8:00~11:00	12:00 前
青山区分公司		5:50~6:20	6:20~7:00	7:00~8:00	8:00~11:00	12:00 前
东河区分公司		5:50~6:30	6:30~7:30	7:30~8:20	8:20~11:00	12:00 前
九原区分公司		5:50~6:20	6:20~7:00	7:00~8:00	8:00~11:00	12:00 前
开发区分公司		5:50~6:20	6:20~7:00	7:00~8:00	8:00~11:00	12:00 前
包钢分公司		5:50~6:20	6:20~7:00	7:00~8:00	8:00~11:00	12:00 前
202 厂发行站		5:50~6:40	6:40~7:30	7:30~8:00	8:00~11:00	12:00 前
包铝厂发行站		5:50~7:00	7:00~7:40	7:40~8:10	8:10~11:00	12:00 前

注：(1) 总公司考核各分公司的准班率及投递时限不得超过 4 小时。

(2) 违反作业时间造成报刊延误运输、分发、投递时限的，总公司将按规定对各分公司进行考核处罚。

(3) 因印刷厂报纸印刷时间推后造成投递报纸时间延误的例外。

(4) 投递员应在公司规定的 4 小时内完成投递工作，归班短信可在 12:00 前发送。

附录 1–5　各类表格

附录 1–5–1　违章违规罚款单

被罚单位：

罚款理由	填报人：
被罚单位意见	负责人：
罚款金额	人民币大写：　　佰　拾　元

注：(1) 所扣罚款由检查人员填写罚款单，并从当月工资中扣除。

(2) 罚款单填写一式三份，一份交财务，一份交被罚单位，一份检查人员留存，附在检查记录后。

附录 1–5–2 投递服务质量整改回单

整改单位：

需要整改的问题	
被查单位整改意见	
整改单位负责人：	

注：整改回单一式两份，一份报总公司专职检查员，一份由整改单位留存。整改回单限 3 日内由整改单位反馈到总公司检查员。本回单由总公司专职检查人员填写。

附录 1–5–3 走访用户记录单

检查员姓名： 年 月 日

被走访单位、订户：	
反映意见	
意见与建议	

注：附在检查记录后，同检查记录一起按月装订。

附录 1–5–4 检查记录

检查员姓名： 被查单位：

检查项目		日期	年 月 日
发现的问题			
处理意见			
被查单位意见	负责人签字：		
领导批示意见	分管领导：		

附录 1–5–5 征询用户意见函

亲爱的订户：

您好！

为了进一步做好投递服务工作，提高投递的服务质量，树立良好的公司形象，特发此函广泛征询您对我公司发行投递人员的服务质量、服务态度是否满意，请将评价情况用打钩形式填注意见，并于____年____月____日前交由投递人员带回，或用邮寄形式邮寄到包头日报发行公司办公室。随信给您寄去空白信封及邮票一枚（信封请黏口），再次感谢您对我公司工作的大力支持。

征询意见函内容	良好	一般	差
服务质量			
服务态度			
您对投递本段道投递员的评价			
对报刊的印刷质量内容情况			

注：若有短报、少刊现象，请写在下面或另附说明。

附录 1–5–6 发行投递员出归班记录

（ 分公司） 年 月 日

投递段别	包头日报（份）	包头晚报（份）	都市 7+1（份）	包头本周（份）	到岗时间	出班时间	归班时间	投递员签字
1								
2								
3								
4								
5								
6								
7								
8								
9								
10								
11								
12								
13								
14								
15								
16								
17								
18								
19								
20								
21								
22								
23								
24								

附录 1–5–7　包头日报发行公司报刊投递卡

分公司名称		填卡人		订阅单编号	
投递地址			投递区域（段道）		
用户投递地址					
联系人			联系电话		
订阅报纸名称					
订阅起止日期					
订阅报刊金额			（份数）　　份		

注：只能由内勤人员填写，并作为报刊投递的依据。

附录 1–5–8　报纸分发表（×分公司）

种类 段道	包头日报	包头晚报	包头本周	都市 7+1
1				
2				
3				
4				
5				
6				

附录 1–5–9　报刊交接签收单

______线　　　　　　　　　　　　　　　　（　）年（　）月

日期	整捆数字	零捆数字	共计报捆数字	分发组交接人	接收司机	分公司接收人
26						
27						
28						
29						
30						
31						
1						
2						
3						
4						
5						
6						
7						
8						
9						
10						
11						
12						
13						
14						
15						
16						
17						
18						
19						
20						
21						
22						
23						
24						
25						

附录 1-5-10 报刊印刷时限及分发处理时限记录单

2012 年（ ）月

日期	印刷厂印出时间	交到分发时间	分发处理结束时间	交给运输车辆时间
1				
2				
3				
4				
5				
6				
7				
8				
9				
10				
11				
12				
13				
14				
15				
16				
17				
18				
19				
20				
21				
22				
23				
24				
25				
26				
27				
28				
29				
30				
31				

附录 1–6　投递段道的划分

一、划分投递段道的原则

1. 既要便于合理组织各投递段的投递作业，又要有利于业务监督检查与实施管理。

2. 注重减少投递人员的无效行程。

二、划分投递段的方法

1. 划区要求：范围适当，投递范围不宜过大，过大会增加投递人员从分公司、分站到投递段的无效行程，延长报刊投递时间，过大、过小都会在人员和场地方面增加难度。

2. 定界要求：界限清晰、明确和容易记忆，小区内的单位原则上应划分在一个段道内，不得对小区内用户实行订阅投递和单位投递设两人投递，减少重复投递路程。

三、组划投递段道的原则

1. 力争不走或少走重复路。

2. 优先投递大单位及重点用户。

3. 投递员往返重点合理。

四、组划投递段道的方法

投递标准：投递段道应以每完成 400 个点交户为一个标准投递段道，其中，自行车每行程 1 公里折算为 6 个点交户，机动车辆投递员每行程 1 公里折算为 3 个点交户，内部处理报刊每 5 份折算为 1 个点交户。

插集群报箱投递每 3 户折算为一个点交户。单户投递一户为一个点交户。投递段的标准还应综合报刊投递量、投递户数、投递里程、投递使用工具的不同，单户投交和插集群报箱集中投交等方式和额定工时等因素，测算核定出标准报刊件数或标准工时来划定。

五、具体参考标准

项 目	时 间	备 注
内部作业	40 分钟	报刊内部作业时间
外部投递	240 分钟	外部投递报刊时间
归班结束	20 分钟	归班路程及交班时间
合计	300 分钟	

六、建立投递段道资料

1. 投递段道一经确定，要为每个段道定编号，绘制投递段道示意图，登记投递段道的投递范围，做好报刊业务数字工作，并据此制作报刊分发表。

2. 段与段之间的界限要清楚、明确，避免相互跨越。

3. 贯彻重点后一般的原则，将机关单位、学校等尽量安排在投递的起程或去程，以减少路途负担。

附录 2

包头日报发行公司员工手册

公司简介

包头日报发行有限责任公司是包头日报社按照包头市文化体制改革发展的要求，经内蒙古新闻出版局核准审批，包头市委宣传部大力扶持而创办的发行有限责任公司，它是内蒙古自治区唯一一家取得出版物发行资质的公司。

包头日报发行有限责任公司成立于2010年8月9日，公司目前承担着《包头日报》、《包头晚报》、《家庭周报》的征订发行工作，下一步还将发展与物流相关的其他产业及广告业务。公司的战略发展目标是：建立适应市场发展要求的坚强团队，提倡全面服务读者，通过服务读者提升自身价值，打造包头物流服务业的新形象。

包头日报发行有限责任公司的总部位于包头市昆都仑区乌兰道20号包头日报社底店，目前公司已初步确立了一套适合自己发展的经营管理模式并配备了与发行相适应的设施设备。公司实行董事会领导下的总经理负责制，在总经理的领导下，总经理助理主持日常工作，并高薪聘请了一批专业的管理人才，现有员工200多名。公司下设综合办公室、发行部和综合业务部三大部门。综合办公室下设人力资源部、财务部、后勤保障部、监察部、信息平台、网络部、运输部；发行部下设六个发行分公司（昆都仑区发行分公司、青山区发行分公司、东河区发行分公司、九原区发行分公司、开发区发行分公司、包钢发行分公司），七个分站（青山区鹿景苑分站、青山区二站、开发区幸福南站、滨河新区分站、东河区铝厂站、宏源分站和土右旗分站）；综合业务部下设报刊批零部、DM 广告部、药业项目部。

另外，公司夹页部还承担着全市的 DM 夹报业务及委投报刊业务。其业务量大、覆盖面广，充分体现了发行渠道的优势。现 DM 夹报业务及委投报刊业务直属发行部管理。

公司在包头日报社的大力支持下，承办了自己的 DM 广告报——《包报广告》，于 2011 年 3 月正式创刊，以发行渠道独特、公信力强、发行量大等绝对优势亮相。它不但随“三报”一同发行，还具有自己独立的批零、底店渠道，单期发行量已达 3 万份，做到了发行覆盖无盲区，送阅至每一位具有消费潜力的读者。

包头日报发行有限责任公司顺应了国家文化产业发展的潮流，它将为包头日报社向报业产业化发展做出自己积极的努力和探索。

附录 2–1　职业规范

一、发行投递员职业守则

爱岗敬业、恪尽职守。遵纪守法、严守秘密。

诚实守信、尊重用户。礼貌待人、热情服务。

及时投递、准确无误。团结协作、顾全大局。

二、员工行为准则

踏实工作，服从领导，保守业务秘密。

爱护公司财物，杜绝浪费，勤俭节约。

遵守公司一切规章制度及工作守则。

保持公司信誉，不做有损公司声誉的行为。

三、仪容仪表

（一）仪容

男士应保持头发的清洁、整齐，发长不盖耳、不遮领，不留异样发型，不染色。胡须要经常整刮，保持清爽、精神的工作状态。

女士的发型要庄重、梳理整齐，保持头发的干净、清洁，刘海不过眉毛，不留异样发型，不戴过分夸张的头饰。不过分打扮，不浓妆艳抹，避免使用味浓的化妆品和香水。

员工应养成良好的卫生习惯，保持口腔清洁，工作前忌食有刺激性气味的食品，不留长指甲，不染彩色指甲。

（二）仪表

员工衣着要求整洁、得体、保持庄重大方，不着奇装异服，在工作场所不打赤脚，不穿拖鞋。机关工作人员在工作期间应着正装并佩戴工作牌，投递员上班时间一律着工作服并佩戴工号牌。

四、礼节礼貌

（一）办公礼节

见到同事，主动打招呼，多用礼貌用语。例如，“早上好”、“您好”、“再见”等日常交往用语。

同事来本部门办事，要积极、主动、热情地接待，不能态度冷漠，置之不理、争执争吵。

外单位人员前来办事，应主动询问："请问您找谁?""请问您有什么事吗?""我可以帮您做些什么?""好的，再见!"等。

（二）电话礼仪

应在电话铃响起后三声内接听电话。通话时要使用普通话，切勿使用地方语言，语气要温和、用语要有礼貌、声音要清晰。接电话时要用规范的问候语，例如"您好，×××部门"、"您好，包头日报发行公司"等。

代他人接电话时，应详细记录通话内容并及时转告。接电话时，不要打断和挂断别人的讲话。通话完后应先等对方挂掉电话，我们再挂电话。

（三）会议礼仪

在公司或外出参加任何会议，参会者都应提前五分钟进入会议室或会场，关闭一切通信工具。在会议进程中，应集中注意力倾听，详细记录会议讨论的重点和其他与会者的意见，若要发言，应等待时机，不要随意插话，不干扰他人发言。

（四）称谓礼仪

在公司，无论年龄大小、无论职务高低，均应以职务相称，切记不可给别人起外号，不可以哥们、弟兄、伙计、×叔、×姐等相称。

附录 2-2　聘用规定

一、聘用原则

公司员工在被聘用及晋升方面享有同等的机会；晋升职位或补充空缺职位时，公司将在可能的情况下优先考虑已聘用的员工，然后再对外招聘；工作表现和业绩是公司提升员工最主要的依据。

二、入职流程

1. 应聘者必须填写《员工入职登记表》，通过公司笔试、背景审查和体格检查确认合格后，应聘者接到发行公司电话或口头通知后，在规定时间内到公司人力资源部进行面试，面试通过后，第二天到发行公司人力资源部报到。

2. 报到当天，携带本人身份证原件、1 寸免冠照片 3 张、学历证书复印件 1 张、工作经历证明等相关资料到人力资源部报到并备案，办理入职手续，由人力资源部将应聘者分配到各分公司或相关部门，并通知应聘人员次日到指定岗位报到，开始在职培训，在职培训一周，不予核发工资。

3. 各部门做好新入职人员的考勤和工作业绩等记录。试用一周后，如入职人员符合要求，经逐级审核签字后，报总经理批准，到人力资源部办理入职手续，到后勤部领取工作服、工号牌等物品。试用期满合格后，由本人写转正申请，报部门负责人审批，部门负责人同意后报人力资源部审核，人力资源部审核通过后，经总经理签字确认，方可成为正式员工。

4. 非包头市户籍人员，入职七日内必须提供包头市户籍人员担保书；入职之日，必须提供区级以上医院的健康证明，身体不合格者，不予录用；公司将组织新入职员工参加安全教育、职业技能和公司规章制度等培训并通过考核，以便员工对公司概况有个初步了解。

三、试用期

新员工被录用后，一律执行试用期考核制度，试用期为 3 个月。试用期间，公司将对员工的表现及其对工作的适应程度进行全面考核。试用期薪酬按各岗位试用期标准执行；试用期满，经公司综合考核合格后，可转为正式员工；考核不合格者，公司予以辞退或降低一级岗位使用。

四、离职流程

1. 员工在试用期内辞职，必须提前 7 个工作日向部门负责人声明，部门负责人同意后，从提出辞职当日算起，3 日内与部门负责人所指定的工作交接人交接全部工作事宜及公司物品后，方可辞职。

2. 员工在试用期被辞退，部门负责人提前 3 个工作日向员工本人下达通知，并指定工作交接人交接全部工作事宜和公司物品，方可允许被辞退人员离开公司。

3. 正式员工辞职，须提前一个月向部门负责人声明并提交辞职报告，经部门负责人批准，1 个月后由本人到人力资源部领取 《辞职审批表》，辞职员工填写《辞职审批表》，并与部门负责人交接工作及办公物品，确认后由部门负责人签字确认，报财务部、后勤部、人力资源部签字确认没有欠款后，辞职员工方可离开公司。如果是部门负责人离职，最后由总经理批准后方可离开公司。辞职人员当月的薪酬统一在公司下月发放工资时领取。

4. 正式员工被辞退，部门负责人提前 1 个月向人力资源部提出书面辞退建议及相关辞退理由证明。人力资源部核准后，提前 7 个工作日告知员工本人，并由该员工部门负责人处理工作及物品交接事宜。

5. 凡离职者，必须先填写离职申请书。

6. 员工离职应按公司规定移交所有公司财产，经核准离职且办妥移交手续，方可正式离职。

7. 未办离职手续自行离职者，公司财产若有损失、遗失，其损失金额从其薪酬中抵扣；如薪酬不足以抵扣，担保人负连带责任。

8. 已办理所有离职手续的员工，与公司签订《终止劳动关系协议书》，双方签字盖章后，方可领取工资。

五、聘用的终止

试用期满以后，公司或员工均可提出终止劳动合同，但须提前 1 个月（至少22 个工作日）提交书面通知。

员工严重违反国家法律、法规，严重违反公司规章制度或劳动纪律的，公司可不必提前通知员工，即与其解除劳动（劳务）合同。

六、工资、津贴和奖金制度（工资、津贴和奖金属保密范围）

（一）工资和津贴

公司于每月 10 日发给员工上月的工资、津贴，并按政府规定代扣个人所得税、社会统筹养老保险的个人缴纳部分。工资和津贴包括基本工资、技能工资、工龄工资。

公司将根据经济效益和员工的工作表现及绩效考核结果，每年年初调整（增加或减少）员工的工资和津贴。员工工作每满一年增加 20 元工龄工资。

（二）奖金

公司在年度结算后，根据经济效益和员工一年中的表现给予奖金。

七、员工福利

（一）社会保险

行政人员在公司工作满半年者，公司给予上五险的待遇。投递人员凡获得公司给予的特殊奖励的，公司给予上五险的待遇。

（二）福利

根据各个时期的特定情况发放，一般情况下每年有三次福利，即中秋节福利、春节福利、女员工的三八妇女节福利。

八、劳动（劳务）合同

1. 新员工试用期满后一个星期内，公司与其签订劳动（劳务）合同和保密协议书，员工应严格执行劳动（劳务）合同和保密协议书。

2. 劳动（劳务）合同不能单方面终止，必须经双方签字、盖章方可生效。

3. 劳动（劳务）合同有规定期限的，超过规定时限，双方没有签订新的合同，劳动关系自行终止。

附录 2-2-1 员工入职登记表

<table>
<tr><td>姓 名</td><td></td><td>性 别</td><td></td><td>民 族</td><td></td><td>应聘岗位</td><td></td></tr>
<tr><td>出生年月</td><td></td><td>年 龄</td><td></td><td>婚 否</td><td></td><td>入职时间</td><td></td></tr>
<tr><td>籍 贯</td><td></td><td>政治面貌</td><td></td><td>健康情况</td><td colspan="2"></td><td rowspan="5">照片</td></tr>
<tr><td>最高学历</td><td colspan="2"></td><td>身份证号</td><td colspan="3"></td></tr>
<tr><td>所学专业</td><td colspan="2"></td><td>毕业院校</td><td colspan="3"></td></tr>
<tr><td>手机号码</td><td colspan="2"></td><td>家庭住址</td><td colspan="3"></td></tr>
<tr><td>计算机
熟悉软件</td><td colspan="3"></td><td>期望待遇</td><td colspan="2"></td></tr>
<tr><td colspan="8">个人简历</td></tr>
<tr><td>起止时间</td><td colspan="3">原工作单位或学校</td><td>担任职务</td><td>证明人</td><td colspan="2">联系电话</td></tr>
<tr><td></td><td colspan="3"></td><td></td><td></td><td colspan="2"></td></tr>
<tr><td></td><td colspan="3"></td><td></td><td></td><td colspan="2"></td></tr>
<tr><td></td><td colspan="3"></td><td></td><td></td><td colspan="2"></td></tr>
<tr><td colspan="8">家庭主要成员（紧急联系人）</td></tr>
<tr><td>姓名</td><td colspan="3">学习院校或工作单位</td><td>担任职务</td><td>与本人关系</td><td colspan="2">联系电话</td></tr>
<tr><td></td><td colspan="3"></td><td></td><td></td><td colspan="2"></td></tr>
<tr><td></td><td colspan="3"></td><td></td><td></td><td colspan="2"></td></tr>
<tr><td></td><td colspan="3"></td><td></td><td></td><td colspan="2"></td></tr>
<tr><td colspan="8">单位面试意见</td></tr>
<tr><td>直接部门意见</td><td colspan="7"></td></tr>
<tr><td>上级部门意见</td><td colspan="7"></td></tr>
<tr><td>人力资源部意见</td><td colspan="7"></td></tr>
<tr><td>办公室意见</td><td colspan="7"></td></tr>
<tr><td>总经理意见</td><td colspan="7"></td></tr>
<tr><td colspan="8">本表格由单位人力资源部统一保管</td></tr>
</table>

注：本表必须由应聘者本人亲自填写，若他人代填造成信息不实，由此产生的一切后果与本公司无关。“单位面试意见”以上内容不得空缺，否则本表无效，人力资源部不予接受存档。

附录 2–2–2 员工转正申请表

<table>
<tr><td>姓 名</td><td></td><td>部 门</td><td></td><td>岗 位</td><td></td></tr>
<tr><td colspan="6">约定试用期：　年　月　日 ～ 年　月　日（共　个月）
岗位任职要求：

试用人员确认签字：
时间：</td></tr>
<tr><td colspan="6">试用期个人工作总结（包括员工个人工作表现情况、专业能力、身体状况）（可附页）

申请人：
时间：</td></tr>
<tr><td colspan="6">用人部门意见：
□申请提前于　年　月　日正式聘用。
□按约定日期正式聘用。
□不予聘用。</td></tr>
<tr><td colspan="2">用人部门意见：

签字：
时间：</td><td colspan="2">人力资源部意见：

签字：
时间：</td><td colspan="2">总经理意见：

签字：
时间·</td></tr>
<tr><td colspan="6">注：（1）本表须与《试用期人员评估表》共同报送、审批。
（2）各级人员转正审批执行相应权限。
（3）转正申请表必须于拟转正日期前审批完毕。</td></tr>
</table>

附录 2–2–3 员工离职审批表

<table>
<tr><td>姓名</td><td></td><td>性别</td><td></td><td>身份证号</td><td></td></tr>
<tr><td>入职时间</td><td></td><td>部门</td><td></td><td>职务</td><td></td></tr>
<tr><td>公司经历</td><td colspan="5"></td></tr>
<tr><td colspan="2">申请离职的具体时间</td><td colspan="4">年 月 日</td></tr>
<tr><td colspan="2">申请离职原因</td><td colspan="4">申请人签字：
日期：</td></tr>
<tr><td colspan="6">部门交接情况：
已向________进行了________岗位交接工作
工作进展情况： 培训资料：
客户关系及资料： 名片或工作证：
办公用品： 服装：
报兜： 待办事宜：
票据： 雨披： 其他：</td></tr>
<tr><td>本部门意见</td><td colspan="5"></td></tr>
<tr><td>后勤部意见</td><td colspan="5"></td></tr>
<tr><td>财务部意见</td><td colspan="5"></td></tr>
<tr><td>人力资源部意见</td><td colspan="5"></td></tr>
<tr><td>总经理意见</td><td colspan="5"></td></tr>
<tr><td colspan="6">注：（1）一线员工离职，需由内勤、站长、分公司经理、部门经理、综合办公室相关工作责任人审批；
（2）站长以上人员除上述负责人审批后需再经总经理、人力资源部负责人审批；
（3）内勤以上人员需报发行部部长审批。</td></tr>
</table>

上述部门确认完毕后，您已经完成离职手续办理工作，请将此表交总部人事专员处，人力资源部将在最近的工作核算日，依据此表核发您的工资。

祝您顺利！

附录 2-2-4　劳务用工管理办法

包头日报发行有限公司是包头日报社按照包头文化体制改革发展的要求，经内蒙古新闻出版局核准审批，包头市委宣传部大力扶持而创办的发行有限公司。承担着全市《包头日报》、《包头晚报》、《家庭周刊》、《包头本周》两报两刊的征订投递和市场的批发零售业务。由于报刊投递工作的特殊性，需向社会招聘投递人员若干名，因投递工作具有一定的弹性，每天的投递时间为 3~5 小时。为了做好投递人员的管理工作，特制定如下管理办法。

一、相关管理及规章制度

1. 所有聘用人员必须遵守包头日报发行公司制定的《发行部岗位职责制度汇编》及《包头日报发行公司员工手册》相关制度及规定。

2. 严格遵守《包头日报发行公司劳务用工管理暂行办法》的规定。

二、体检及身份证明

1. 聘用人员前需到发行公司指定的医院进行身体健康体检，体检合格，智力正常，无心、脑等不能从事发行投递工作的疾病，方可录用。对于隐瞒病情者在投递过程中发生意外的，一经查实，概不承担任何费用。

2. 所有应聘人员面试时必须携带身份证件，不能提供身份证原件者，公司不予录用。

三、关于出归班时间的规定

1. 严格按“报刊综合作业时间表”规定的时间到岗，按照各分公司、分站规定的时间统一出班。

2. 按公司规定完成投递任务后，在规定的时间内向公司信息平台发归班短信。归班短信作为投递员归班的唯一证明。

四、意外伤害保险的管理

1. 凡试用符合期满，符合录用条件者被录用后，公司为其统一投保一份 《人身意外伤害保险》，期限一年。

2. 在一年之内，所有在投递工作时间内发生的意外伤害，投递人员必须第一时间通知公司人力资源部负责人及所在分公司经理。

3. 对于出险后超过 24 小时未报人力资源部办理保险理赔的，医药费由发生意外的员工本人承担。

五、工伤人员的管理范围

1. 在工作时间和工作场所内，因工作原因受到事故伤害的。

2. 工作时间前后在工作场所内，从事与工作有关的预备性或者收尾性工作受到事故伤害的。

3. 在上下班途中，受到非本人主要责任的交通事故或者城市轨道交通、客运轮渡、火车事故伤害的。

4. 对于因上述原因因公负伤的，按照《工伤条例》相关规定执行，对于工伤认定有异议的，需经包头市工伤鉴定中心进行工伤鉴定，并按鉴定等级条件执行。

六、非因公或患病人员的管理

1. 在工作期间非因工受伤的，医疗期限最高不超过三个月（轻微伤害不享受此待遇），在三个月的医疗期内，公司只支付基本工资，超过三个月医疗期仍不能从事投递工作的，公司将与其终止聘用协议。

2. 在此期间患病的，病休期间的薪酬待遇按《员工手册》第五章考勤制度相关规定执行。

七、有下列情况之一者，发行公司可以提前解除聘用协议

1. 在试用期三个月内因身体健康状况不适合发行投递工作的。

2. 在试用期间不能完成分公司、分站交给的投递任务的。

3. 在试用期间被用户重复投诉的，擅自停投报刊 3 户以上或一个月内 5 次不发归班短信的。

4. 凡一个月内被用户重复投诉 2 次以上或擅自停投报刊 5 户以上或 15 次不发归班短信的。

5. 无理取闹，打架斗殴影响发行公司正常工作秩序的，或打架斗殴对发行公司声誉造成不良影响的。

6. 严禁在工作期间饮酒，凡发现酒后影响工作及扰乱公司正常工作秩序的。

7. 凡发现摩托车驾驶员酒后驾驶摩托车的。

8. 严重违反公司劳动纪律或公司规章制度的，按《员工手册》考勤制度相关规定执行。

八、年龄条件的规定

1. 为了切实保障劳动者的安全，公司应严格按照国家用工年龄条件招录人员。由于公司成立之初急需用工，招录了一些超龄人员，对于目前已经超过年龄的人员，工作满一年身体条件允许的，可以继续从事投递工作到 2012 年 12 月底。

2. 男性人员年龄 60 周岁以下，女性人员年龄 50 周岁以下，凡超龄者公司今后不再录用。

九、优秀投递人员的待遇

在此期间被评为公司先进个人或优秀发行投递员的，参加公司组织的各种竞赛活动取得个人前三名的，公司将为其投保各类社会保险。

十、本办法解释权归公司人力资源部

附录 2–3　考勤制度

一、考勤管理制度

（一）工作时间

1. 投递员上下班时间按综合作业时间表执行。

2. 行政人员上班时间：8：30（开晨会当天 8：20）至 12：00，14：30 至 17：30，行政人员每周工作五天。

3. 因其他原因需要调整工作时间由公司另行通知。

（二）考勤员具体工作要求

1. 分公司内勤或分站站长担任考勤员，逐日据实记录员工考勤。考勤员根据公司规定，据实、及时、认真、准确地记录考勤情况；如实反映本部门考勤中存在的问题；妥善保管各种休假凭证；及时汇总考勤结果，并作出记录。

各部门都要指定考勤人员，如考勤人员缺席，部门负责人代理考勤，如两人同时缺席，由公司人力资源部负责该部门考勤。

2. 所有员工要严格按照《值班表》及岗位规定的工作时间和班次上下班；上下班均要签到；如不能按时签到，事后必须到考勤员处说明。

3. 考勤报送：

（1）考勤表须经所在部门（分公司、分站）负责人审核签字，方可有效。

（2）每月考勤统计从上月 26 日起至当月 25 日止，各分公司由内勤负责本部门具体考勤统计工作，部门经理负责审核。每月底前，各部门、分公司负责人应将本部门员工当月的考勤统计表、奖罚单、已获批的《请（销）假审批备案表》、病假须附医院诊断、业绩考核单等汇总签字后报送人力资源部。

（3）考勤材料作为薪酬发放依据之一。

（三）考勤的处理

1. 未按时签到的处理：

（1）因工作需要上班时间外出而不能按时签到者，应在公出前或公出结束后立即向所在部门考勤员报告，经部门负责人审核后，报人力资源部备案；未办理手续者，按旷工处理。

（2）无故未按时签到，按旷工论处。

2. 脱岗的处理：

（1）未经允许，无特殊原因而中途离岗者视为脱岗。

（2）经查实中途脱岗 1 次，罚款 10 元。

3. 迟到、早退的处理：

（1）员工迟到、早退，按次数扣罚。超过上班考勤时间为迟到；未到下班时间提前离岗为早退。

（2）迟到、早退不超过 10 分钟，罚款 10 元/次。

（3）迟到、早退 30 分钟以上或未经批准而不到岗者，以旷工论处。

（4）当月累计迟到、早退 3 次以上者，除按正常罚款外，记旷工 1 天。扣罚1 天工资及当月全勤绩效工资。

（5）经常性无故迟到、早退，情节严重屡教不改者，解除劳动（劳务）合同。

4. 旷工的处理：

（1）未经批准擅自调整班次的，按旷工处理；请假未经允许，擅自休假者按旷工处理。

（2）旷工 1 天，扣罚当天工资及当月全勤绩效工资，并扣罚 50 元/次，依此类推。

（3）严重违反企业规章制度，连续旷工 7 天或全年累计旷工满 15 天者，予以辞退或按自动离职处理。

5. 弄虚作假的处罚：

考勤中出现弄虚作假、虚报考勤、伪造考勤记录的，视情节对当事人及考勤管理责任人处 200 元/次的罚款。

二、请销假制度

（一）请休假类别及待遇

1. 病假的规定：

（1）员工在当天上班 2 小时内因病请假的要告知部门负责人，并按规定提交疾病证明书及病历，到人力资源部办理请假手续，没有疾病证明书及病历的按事假处理。

（2）连续休假 7 天以上者，公休、节假日均包括在病休假日内。

（3）病假全年累计超过 15 天，超出天数按事假扣发工资。

（4）员工在批准病假期间，按以下标准扣发工资：3 天以内（含 3 天），按其当日工资的 10%扣发；3~7 天（含 7 天），按其当日工资的 30%扣发；8~15 天，按其当日工资的 50%扣发；15 天以上的，按事假标准扣发工资。

（5）员工因病在医保指定医院住院治疗期间，凭住院诊断证明，发给员工本人工资的 50%。员工出院继续在家休养的，按事假标准扣发工资。

（6）每月病假 3 天（凭医保定点医院诊断），事假不超过 1 天，不扣当月全勤工资。全年病假累计 7 天以上，事假 3 天以上，扣罚当月全勤工资。

2. 事假的规定：

（1）员工因故（必须为正当理由）需请事假者，必须提前办理请假手续，填写《请（销）假审批备案表》，按请假程序办理，审批后交人力资源部备案；如遇特殊情况，需在 2 天内补齐请假手续。

（2）请事假的期限原则上不得超过 7 天/月，全年累计不得超过 30 天；一次提出请假 15 天者，按自动离职处理（特殊情况视具体问题而定）。

（3）员工经批准事假期间，按请假天数扣发日工资，事假期间不核发工资。

3. 婚假的规定：

（1）达到法定婚龄的正式员工结婚，凭结婚证享受 3 天假期；晚婚（依照国家规定，男 25 岁、女 23 岁），可增加至 10 天假期。

（2）需提前一周提出申请，填写《请（销）假审批备案表》附结婚证书复印件，经批准后，一次休完，不得分期休假。

（3）婚假为带薪假（外地员工酌情考虑增加路程假）。

4. 慰唁假的规定：

（1）员工直系亲属（父母、公婆、夫妻及子女）丧亡，可休假 3 天；员工的祖父母、外祖父母等近亲属丧亡，可休假 1 天。

（2）丧假为带薪假（外地员工酌情考虑增加路程假）。

5. 产假的规定：

（1）产假为产前产后连续计算。

（2）女员工计划内生育，生产一胎享受 90 天假期（产前 15 天，产后 75 天）；多胞胎生育者，每多生育一个婴儿增加产假 15 天。

（3）女员工计划外生育，其休息时间按事假扣发工资。

（4）晚育增加产假 30 天（已婚妇女满 24 周岁生育第一个子女为晚育）。

6. 公休的规定：

（1）投递员每月安排 4 天公休。

（2）公休原则上不得跨月存休或提前休假；如情况特殊，经总经理批准后，送交人力资源部备案，方可连休。

7. 法定假的规定：

（1）法定假为国家规定的全体公民放假的日子，一般为重大节日或纪念日。其中，元旦放假 3 天，春节放假 7 天，清明节放假 3 天，五一节放假 3 天，端午节放假 3 天，中秋节放假 3 天，国庆节放假 7 天（以上放假时间段包括公休调休日）。

（2）法定假为带薪休假。

（二）请休假的审批

1. 请假的规定：

（1）所有员工休假，均需填写《请（销）假审批备案表》。

（2）员工请假生效条件：

1）一般员工请假，具体程序如下：3 天以内的，各部门负责人（分公司经理、分站站长）批准生效。3 天以上的，由各部门负责人和人力资源部及公司领导批准同意（签署意见）后，方可生效。

2）各部门负责人（分公司经理、分站站长、各部部长）请假，经总经理批准后方可生效，并交人力资源部备案。

2. 销假的规定：

（1）一般员工休息结束后，到各部门负责人（分公司经理）处报到，并报考勤员，办理销假手续。

（2）各部门负责人（分公司经理）休假结束后，到总经理处报到或电话通知总经理及部门负责人，到人力资源部备案，办理销假手续。

3. 其他的规定：

（1）一年内事假累计超过 30 天者，或请假未获批准即离岗者，实为严重违反公司规章制度，予以免职或解除劳动（劳务）合同。

（2）请假理由不充分，或妨碍工作时，可酌情不予给假，或缩短假期，或令延期请假。

（3）请假如发现有弄虚作假者，以旷工论处并视情节轻重予以处分。

附：《员工请（销）假审批表》

员工请（销）假审批表

<table>
<tr><td>姓　名</td><td></td><td>部　门</td><td></td></tr>
<tr><td>岗　位</td><td></td><td>联系电话</td><td></td></tr>
<tr><td>请假理由</td><td colspan="3"></td></tr>
<tr><td colspan="4">请假种类：
□事假　□病假　□婚假　□产假　□丧假　□补休假　□年休假</td></tr>
<tr><td colspan="4">请假时间：自　年　月　日到　年　月　日　共　天</td></tr>
<tr><td colspan="4">工作交接安排：
1. 交办人：
2. 事项清单：</td></tr>
<tr><td colspan="4">部门负责人意见：
签字：
年　月　日</td></tr>
<tr><td colspan="4">人力资源部意见：
签字：
年　月　日</td></tr>
<tr><td colspan="4">总经理意见：
签字：
年　月　日</td></tr>
<tr><td rowspan="2">销假</td><td colspan="3">销假日期：　年　月　日到岗工作
销假人签字：　年　月　日</td></tr>
<tr><td colspan="3">人力资源部备案：　签字：　年　月　日</td></tr>
</table>

注：(1) 申假别指：事假、病假、婚假、产假、丧假等。病假、产假须附医院的诊断证明。
(2) 请假人按请假种类在适当栏内画“√”。
(3) 此表经批准后方可生效，并报人力资源部备案，作为考勤标准。
(4) 休假完毕后，应及时到人力资源部销假。

附录 2–4　员工编号证件管理规定

一、员工编号制度

公司所有员工每人对应一个唯一的编号，该编号将在胸卡、所持物品、员工人事资料中统一使用。

员工在公司工作期间，此编号作为身份证保持不变，并且不予重复使用。新员工由人力资源部统一编号，人力资源部发放的胸卡印有员工编号。

员工编号将实现以下三大功能：

1. 查询功能。员工所有信息将输入发行公司网络系统。输入员工姓名及编号，立即可以查询到包括员工照片在内的详细信息。

2. 物品管理功能。员工持有属于公司的所有物品，包括衣物、车辆、报兜等都统一挂有员工编号。如使用者出现变更，由人力资源部每月统一更改物品编号。

3. 身份确认功能。员工的胸卡标有员工编号，工作必须佩戴。员工胸卡上的内容发生变化时，由员工到内勤处做登记，内勤再到人力资源部重新制作胸卡。

二、证件管理规定

1. 申领证件。试用期结束后，员工在入职时应向人力资源部申办工作证，人力资源部在收齐所需资料后，一周内将证件发放到员工手中。

2. 保管证件的规定：

（1）各种证件需妥善保管，严禁涂改、转让、抵押、出卖和冒名使用。

（2）胸卡因磨损、水浸等原因以旧换新者，到人力资源部重新制作，需要缴纳 10 元成本费。

3. 补办证件的规定：

（1）凡丢失证件（无论何种原因）者，应说明实际情况，并经部门领导签字同意，到人力资源部补办证件。

（2）补办胸卡到人力资源部重新制作，需要缴纳 10 元成本费，从工资中扣除或直接交到财务部。

4. 退还证件的规定：

（1）员工离职时，必须将证件退交人力资源部。

（2）员工离职时，因各种原因不交或丢失证件者，胸卡和工作证每缺少一件罚款100元，而后办理调离手续。

（3）员工离职时，必须交回公司发放的各类用品，如衣服、报兜、车辆等。

附录 2–5　员工发展

一、在职培训

为提高每个员工的工作效率和业务技能，公司鼓励每个员工积极参加与公司业务有关的培训课程，并建立培训记录。这些记录将作为评估员工工作能力的部分参考。

公司出资安排员工接受公司的培训时，可根据劳动合同与员工签订培训协议书，约定服务期等事项。

二、内部竞聘办法

（一）目的

为了规范公司的内部竞聘工作，更好地发掘公司内部的优秀人才，提高员工的工作积极性，特制定本办法。

（二）内部竞聘原则

内部竞聘本着公平、公正、客观，并能与相关岗位匹配、择优录取的原则；使公司发展与员工职业发展规划相结合。竞聘的岗位是指当某职位出现空缺时，公司发布职位空缺公告，由员工自主申请竞聘该职位。竞聘职位还应遵循以下原则：

1. 定向原则：同类普通工作岗位应竞聘与之相同或关联程度高的管理岗位。即投递员一般只能竞聘投递管理岗位；机关管理层一般只能竞聘相关管理岗位。

2. 逐级原则：员工参加内部竞聘，只能逐级报名，如投递员只能报名参加备班或内勤的竞聘活动；备班可报名参加站长或经理的竞聘活动。

（三）竞聘条件及资格

1. 身体健康，工作态度端正，遵守公司的规章制度。

2. 热爱公司，维护公司的利益。

3. 具备竞聘岗位的任职资格条件。

4. 竞聘年龄限制在 22~35 岁，公司组建后担任各分公司经理的人员年龄可放宽到 50 岁。

5. 文化程度：大专及高中毕业生，有发行投递工作经验和经营管理工作经验的在职管理人员可放宽。

（四）竞聘评判小组

由公司总经理、总经理助理、综合办公室相关管理人员及竞聘本人所在部门的部门负责人。

（五）竞聘程序

1. 竞聘者按要求将报名表填好后交到本部门负责人处，由本部门负责人审核确认后交到公司综合办公室。

2. 召开公开竞聘会议，会议时间另行通知。

3. 竞聘会中竞聘人宣读本人竞聘资料。

4. 评委现场对竞聘者本人进行打分，并公布打分结果。

5. 民主测评现场公布测评结果。

（六）竞聘结果

1. 公司按照择优录取的原则，确定岗位人选后，一周之内公布竞聘结果，人力资源部要同时协调相关部门做好被聘员工的岗位调动手续。

2. 被录用的员工有三个月的试用期。若在试用期间，发现已聘员工不能胜任岗位工作的，则根据公司规定将被聘员工退回到原工作岗位。

3. 空缺的岗位由人力资源部根据企业的相关规定及时配备人员。

附件：《管理岗位内部竞聘报名申请表》

《管理岗位竞聘人员现场表现打分表》

《管理岗位招聘民主测评表》

三、晋升机会

公司的政策是尽可能地从公司内部提拔、晋升最具资格的员工，接替空缺并承担更大的责任。

管理岗位内部竞聘报名申请表

<table>
<tr><td>姓　名</td><td></td><td>年　龄</td><td></td><td>文化程度</td><td></td></tr>
<tr><td>性　别</td><td></td><td>政治面貌</td><td></td><td>联系电话</td><td></td></tr>
<tr><td>现任岗位</td><td></td><td>到发行公司时间</td><td></td><td>住　址</td><td></td></tr>
<tr><td colspan="6">竞聘岗位：</td></tr>
<tr><td colspan="6">个人资料题目：</td></tr>
<tr><td colspan="6">以下由公司填写：
1. 评委对论文评分汇总得分（　）分
2. 民主测评结果总得分（　）分
最后得分（　）分</td></tr>
</table>

管理岗位竞聘人员现场表现打分表

姓　名	语言流畅	思路清晰	经营管理目标明确	胜任工作能力	得　分

注：四项共 60 分，每项 15 分。

评分人：

管理岗位招聘民主测评表

姓　名	称　职	一般	不称职	得　分

注：称职 40 分，一般 20 分，不称职 0 分，只选一项，选多项为无效票。

附录3

《包头日报发行公司综合办公室岗位职责》

包头日报发行有限责任公司从2010年8月9日成立以来，筚路蓝缕，充满了艰辛。回顾历程，认识到缺少自己的一套完整的管理体系，实践证明，制定必要的管理制度是提高管理人员管理水平的重要途径，经过探索并结合公司的具体实践情况，依照国家《劳动法》及《财会法》，我们设计了一套适合我公司自身发展的组织结构，确立了比较清晰的岗位职责，建立了财务管理、督察管理、信息管理、网络计算机管理、运输管理、后勤保障及员工奖励条例，公司管理岗位及分公司、分站、内勤备班人员绩效考核办法（试行）等一系列管理制度，规范了管理流程，供管理人员在实际工作中认真学习和贯彻执行，亦可作为提高管理人员业务水平的参考资料。编写过程中难免出现偏差，请各级管理人员在使用中及时把意见反馈给我们，我们将在运行中进一步完善。

本公司管理制度属内部资料，各部门请注意保密。

包头日报发行有限责任公司

2011年5月1日

附录 3–1　岗位职责

附录 3–1–1　综合办公室岗位职责

综合办公室是总公司的具体办事机构，是负责承上启下、联系内外的综合办事机构，在总经理及其助理的直接领导下，对总公司各部门的各项管理工作负责，具体职责如下：

1. 负责公司办公场所、办公设施、固定资产、低值易耗品及日常用品的采购、分发及公司办公秩序的管理工作。

2. 负责制定总公司各项规章制度，日常文件，信函的起草、上报、下发及日常事务的催办工作，建立健全各部门岗位职责，并监督岗位职责的贯彻落实及执行情况。

3. 协助总经理对公司日常事务的安排协调，负责组织安排公司的各种会议与活动，及领导交办的各种临时性工作。

4. 负责公司公章、介绍信的使用管理，树立安全保密观念，对公司商业机密和其他保密资料，应树立安全保密意识。

5. 负责公司的对外接待、联系公关等工作。

6. 监督财务部门是否按照《会计法》和《企业会计制度》开展工作。

7. 负责对人力资源部门全年的用工计划情况，机构设置情况，定岗、定编及各部门的绩效考核工作，考勤制度及请销假制度实行监督指导。并加强对入职、离职员工的管理。

8. 负责对监察部是否按岗位职责对全公司投递服务质量进行督办落实，并监督检查工作是否到位，组织相关人员对财务账目及相关业务工作进行不定期抽查、检查。对监察部下发到各分公司、分站的《检查记录》、《投递服务质量整改回单》落实情况进行督办。

9. 对公司的车辆使用与安全管理实行总负责，负责对车辆的信息进行登记造册，建立车辆档案，严格保管，及时做好车辆的调配工作。

10. 负责对信息平台的投诉进行追踪管理，并督办其落实情况，并对信息平台执行岗位职责情况进行监督考核。

11. 负责对计算机网络的稳定运行实行监督管理，确保设备完好率全年达到 95%，信息录入准确率达到 100%。负责对各分公司、分站软件使用人员的培训工作。

12. 负责监督后勤保障部门岗位职责的落实情况，做好物资、物品的采购、发放、使用管理工作，对分公司的后勤保障工作实行总负责。

13. 领导交办的临时性工作要尽快落实，并将各项工作中存在的问题及时向总经理、总经理助理汇报，进一步完善工作。

附录 3-1-2　人力资源部部门岗位职责

在总公司领导下做好人力资源管理工作，服从总公司综合办公室的直接领导，做好人事档案、人员调动、人事考核、人员招聘、员工入离职及绩效工资的考核发放、核算工作和办理员工的社会保险等相关事宜。具体职责如下：

1. 负责总公司整体人力资源管理工作，做出整体的用工计划，使公司的人力资源管理科学化、规范化。结合本公司实际情况，制定人力资源发展规划、目标和任务。

2. 负责总公司整体组织结构、岗位定编、工作职责的制定和修订，实行人力资源职能垂直管理，以促进公司人力资源的合理配置与有效运作。

3. 负责总公司人力资源管理制度的制定、修订并组织实施，能够实现人力资源发展规划科学合理，做好人员的定编、定岗工作。

4. 负责公司员工的招聘、聘用、劳动关系的管理工作，建立健全员工的人事档案，与符合录入条件的员工签订《劳动合同》及《劳务合同》，并专人管理。

5. 建立健全并完善员工薪酬福利体系，按时编制工资报表，负责公司员工社会保险的管理、核算、缴纳与申报，坚持“按劳分配，效率优先，兼顾公平”的分配原则。

6. 负责组织公司各部门、各分公司、分站绩效考核办法的制定实施和检查工作。

7. 负责制定培训工作计划，组织落实并安排好各级人员的培训工作。制定对各级人员的培训方案，培训结果以达到切实解决实际问题为目的，以达到储备发展能力、提升管理效率的目标。

8. 负责处理公司员工纠纷与劳动争议。

9. 负责指导各部门和各分公司的人力资源管理工作（员工考勤、请假、办理入离职程序等）。员工终止或解除劳动关系，应在人力资源部门办理离职手续，工作交接完成后，方可办理档案、保险、工资结算等手续。

10. 负责建立、保管公司全体员工的人事档案和《劳动合同》与《劳务合同》。

附录 3-1-3　财务部部门岗位职责

为建立健全财务管理和会计核算体系，进一步完善内部经济责任制和成本管理体系，实施资产管理、资金管理，保障公司的可持续发展，特制定本职责。

1. 在总公司的领导下，负责公司资金与资产的总体管理，财务管理和经济核算为公司提供财务分析。

2. 负责编制公司每月的财务报表及其他会计报表；监督财务收支，依法计缴国家税收，并向有关方面报送财务决算，统筹财务工作中出现的问题。

3. 负责制定公司财务管理制度，并指导各分公司、分站落实财务制度及缴纳报款工作，协调各分公司、分站与财务部门的关系，指导分公司、分站设立二级财务账，同时做好监督管理、成本管理、财务审核。

4. 对各分公司、分站领取的票据、换取发票及各种费用的报销进行监管，严格遵守借款和报销制度，按月做好员工工资的发放工作。

5. 负责编制财务预算、收支计划、信贷计划，拟订资金管理措施和使用方案，使用好资金，并对资金使用状况进行监控与分析。

6. 遵守会计核算一般性原则，按照会计凭证和账簿内部审计和财产清查规定，进行会计核算。

7. 负责协调、处理有关税务、银行等业务工作。

8. 做好流动资产的管理，现金出纳必须做到日清月结，随时清点库存现金，不得挪用现金和以白条抵库。定期或不定期对库存现金进行核对，保证账实相符。

9. 会计和出纳实行钱账分管，凡能用支票支付的款项不得用现金支付，来往现金必须有收付凭证。

10.银行账户的账号必须保密，非业务需要不准外泄，银行账户、印鉴的使用实行分管并用制，不得一人统一保管使用。

11. 对银行支票的使用应严格按照制度办理，不得签发空白支票、空头支票。

12. 建立应收账款内部管理制度，包括固定资产管理、使用、核算制度，发票收据的管理制度，会计报表的管理及会计凭证和档案的保管工作。

附录 3-1-4　后勤保障部部门岗位职责

1. 在总公司领导下做好物资、物品的采购、发放、使用管理工作，服从综合办公室的领导。

2. 本着降低成本、控制支出、计划采购、价格透明、领导集体协商，合理使用、正常发放的原则，对公司的后勤保障工作实行总负责，具体职责如下：

（1）采购物资、物品的程序如下：

1）凡需购买的物资、物品及标志服装，劳保防护用品和办公所需的低值易耗品要拟写报告交由综合办公室审阅后，报总经理批阅。

2）做出采购计划、数量、用途、价格后，会同上级领导进行集体协商确认后方可采购，其间应货比三家再购买，以节约成本、便于使用。

3）根据各部门物资、物品申请，每月底制定出下月的物资、物品需求计划，填写《购物申请单》，经综合办公室确认审核后，报总经理在“购物申请单”上签字批复。

（2）采购物资、物品的管理如下：

1）采购回来的物资、物品统一由综合办公室进行监督管理、汇总，对《购物申请单》要进行整理装订，物资、物品入库前必须协同综合办公室验收，建立库存物资、物品登记簿，对不合格物资、物品进行调换或退货，确保采购入库与登记数字一致。

2）已采购的物资、物品要在一周内报账，报账前先交由综合办公室主任审核、审核无误后报总经理签字报销。

3）物资、物品实行“三清、两齐、三一致”，即材料清，数量清，账目清；摆放整齐，物品整齐；账目一致，数量一致，库存一致。

（3）物资、物品的发放如下：

1）物资、物品的发放全部应由使用单位填写《物品申请单》并在《物品申请单》上签字后方可发放。

2）物资、物品的请领日期规定为每月 1 日至 6 日，特殊需求的物资、物品可提前向总经理申请。

(4) 物资、物品使用情况的监管如下：

1) 发放物资、物品后，要监督、抽查物资、物品是否正常使用，人为造成的损坏、丢失将责成使用单位进行赔偿。

2) 员工离职、调岗时应负责催促使用单位将所领物资、物品退回，并办理交接手续。

3) 物资、物品报废时（低值易耗品除外），应由使用部门拟写报废申请，经财务部和综合办公室确认、总经理签字后，方可按照规定办理报废手续。

附录 3–1–5 监察部部门岗位职责

1. 在总公司领导下，做好全公司的投递服务质量监督检查管理工作，服从总公司综合办公室的管理，对全公司的投递服务质量实行总负责。

2. 严格执行总公司制定的《报刊投递服务质量监督检查考核办法》，并认真贯彻执行。

3. 配合总公司相关部门做好对总公司财务账目，分公司、分站报刊订阅款的收缴情况及财务往来账目进行不定期抽查、检查。

4. 贯彻、落实、检查总公司制定的《报刊运输分发投递作业管理办法》及《综合作业时间表》的执行情况。

5. 每月对各分公司、分站的监督检查工作应不少于 10 天，并深入基层对发行投递等工作进行专业性培训指导。

6. 随时调阅各分公司、分站检查人员的检查工作情况、工作记录及走访用户记录，并对各分公司、分站检查人员的检查工作情况提出处理意见。

7. 每半年发一次征询用户意见函，广泛征询用户对总公司投递服务质量的意见与建议，并制定改进办法。

8. 对发行投递员内部服务规范、外部投递质量情况进行现场抽查和检查。

9. 按月编发当月投递服务质量检查情况的通报，对检查中发现的问题填写《检查报告书》及整改回单。

10. 对久查不改的问题下发投递服务质量整改回单，并要求各分公司、分站限期整改。

11. 负责对总公司制定的规章制度及执行情况进行监督检查，负责协调处理各分公司、分站在投递服务质量中的突发事件。

12. 负责对信息平台反馈的订户投诉进行跟踪，并督办落实情况。

13. 收集、整理、检查工作中发现的问题，提出解决方案及处理意见。

14. 配合人力资源部做好人员的业务培训及对各分公司、分站发行投递人员的绩效考核，根据检查工作情况，参与优秀发行投递员的评选工作。

15. 配合发行部做好报刊的征订、报刊发行业务流程的管理及执行情况。

16. 检查工作应本着公平、公开的原则，不徇私情，对事不对人，按章办事，坚持原则，进一步提高公司信誉，确保服务质量。

附录 3–1–6　信息平台岗位职责

信息平台是用户与公司及报社之间传递信息的部门，它不仅代表着公司的形象，而且作为报社总机负责接听市政府相关部门的指令、指示、会议通知等上传下达的任务，其主要职责如下：

1. 在总公司领导下做好信息的反馈处理落实工作，服从总公司综合办公室的领导。

2. 及时接听来电电话，要对每次来电电话做好通话记录，具体要求是：

（1）订报电话：在了解清楚用户的详细地址后，10 分钟内通知相关分公司、分站，派人上门收订，用户想自己亲自订阅时，应提供用户总公司、分公司、分站的相应地址及联系电话。

（2）投诉电话：要认真核实订户所述情况，耐心听取投诉内容，对当场能处理的投诉应该当场予以答复，当场不能答复的投诉，应在 10 分钟内通知相关分公司、分站及时处理，全程处理时限从接听投诉电话到问题核实后回复用户，最长时限不超过 6 小时。17：00 后接听的投诉电话可推后到次日 12：00 前。

3. 接听投诉电话时一定要做到不与用户争论、不恶言、不动怒、不轻易承诺、不失言，并且绝对不得与用户发生冲突。

4. 严格执行首问责任制的原则，严禁出现推诿现象，用语文明规范，解释耐心细致，方式要灵活，并且必须跟踪所受理订户投诉问题的处理过程与结果，对相应分公司、分站的处理情况进行催办。

5. 对接收订户的订报电话，如上门收订的应催办相关分公司、分站落实上门订阅情况，确保公司信誉和服务承诺的落实。

6. 对投诉电话、订报电话均应做好相关记录，逐一回复，并做好回复记录。

7. 对市政府及相关部门的指令、指示、会议通知，要在第一时间传达到相关部门领导，并将落办情况做好记录。

8. 对当天的投诉电话、订报电话，均应在每日下午下班前根据记录填写信息反馈情况登记表，一式四份，一份送交总公司经理办公室，一份送交综合办公室，一份送交发行部部长，一份信息平台存档。

9. 对各分公司、分站的投诉处理结果进行催办落实，对未在规定时间内作出处理的，应在每天填写的信息反馈情况登记表中做出统计，并由总公司检查员按用户申告按月扣罚责任分公司、分站。

10. 信息员应熟悉行政区域和发行业务知识、报刊投递方式、报刊价格、订阅方式、各分公司、分站及总公司地址、报刊出版日期等业务，便于做好订户的业务咨询工作。

11. 对当月各类电话记录按月进行汇总，并编发信息反馈情况的通报，将通报发到公司各部门、各分公司、分站、总经理助理、总经理。

附录 3-1-7 网络部部门岗位职责

1. 在总公司的领导下，配合综合办公室做好计算机的维修维护工作，对计算机进行不定期的检查维护，使全公司计算机处于正常运行状态。

2. 负责全公司订阅单据的整理、汇总工作，并做到准确无误。

3. 负责发行软件系统的安装、测试、运行、维护，负责发行软件系统使用人员及内勤、报刊信息录入人员的培训，审核单据录入情况，定期数据备份。

4. 负责单据的审核，做到单据不缺不少，不错填不漏填。

5. 负责每周统计各分公司、分站及相关部门的业绩。

6. 负责每周审核要报数是否准确，及时通报相关部门。负责“两报两刊”及相关业务的地址区域划分，及订阅单的转单、改址。

7. 负责培训各分公司分站内勤单据的使用及流程。

8. 做好保密工作，不得泄露公司的任何客户信息。

9. 负责每周要报数的统计，负责与印刷厂要报数联系。

附录 3–1–8 运输部部门岗位职责

1. 在总公司的领导下，做好报刊的运输、投递工作，确保办公室公事正常用车安排，做好车辆的安全管理工作，服从综合办公室的统一管理。

2. 运送报刊车辆应严格按总公司制定的《报刊综合作业时间表》中规定的时间与印刷厂分发员做好当天报纸的交接工作，并将报刊及时送交到各分公司并与印刷厂分发人员、分公司接收报刊人员做好报刊捆数的交接签收工作。

3. 严格遵守《交通安全法》的相关规定，切实保障外部投递安全。严格遵守总公司制定的各项规章制度，督促检查驾驶员对总公司制定的各项规章制度的落实情况。

4. 不准酒后驾驶，不准在车内吸烟，投递前应对车辆进行常规检查，在车况良好的情况下，带齐相关证照，方可驾驶。

5. 驾驶员要确保车辆的行驶安全，不准在驾驶室内悬挂、放置妨碍驾驶员视线的物品，行车时关好车门、车窗。不准在行车时拨打或接听电话，进入单位院内、居民居住区内应低速行驶，避让行人，不违章停车。回班后检查车门是否锁好，是否按规定停放在指定位置。

6. 未经总公司领导允许不得私自出车，更不准向外借车，保证单位的用车安全，总公司派到各分公司的司机及车辆要服从各分公司领导的安排，但无权交与司机以外的任何人员使用。公事用车应建立派车出车单记录，听从综合办公室安排，认真履行出车手续，未经批准不得出私车。

7. 爱护车辆，保持车辆整洁，加强车辆的保养，了解车辆的使用情况，坚决不让车辆带病行驶，确保车辆时刻处于良好状态。严格修车制度，车辆故障维修应填写车辆维修通知单并与后勤部申请修车，确定修理项目后报总经理签字同意后，送指定修理厂维修。

8. 对因驾驶员违章发生车辆剐蹭导致的报刊、车辆丢失，违章或交通事故，要及时向分管领导和总经理汇报，并做出事故的分析报告，拿出处理意见，对违章驾驶员和其相关部门进行通报批评并处以罚款。机械故障引发的车辆损坏时应及时向主管领导如实汇报，不得隐瞒。

9. 对公司车辆进行登记造册，建立车辆档案管理，并交由综合办公室建档保管。

10. 对全公司车辆的安全生产管理，车辆的维修、维护、保养，车辆购置，车辆保险的办理，以及落户和二级维护等工作实行总负责。

11. 及时上网检查所属车辆的违章情况，因违章造成交通责任罚款的由驾驶员个人承担，对违章情况要及时通知相关驾驶员并跟踪检查。

12. 必须与每位驾驶人员签订《安全协议书》。

附录 3–2　各岗位考核办法

附录 3–2–1　机关各部室人员月绩效工资考核办法

为了提高机关各部室管理人员的管理水平，增强其责任感，促使其做好本职工作，特制定《机关各部室月绩效工资考核办法》，望机关各部室人员严格执行。

一、综合办公室绩效工资考核细则

1. 负责落实总公司各项规章制度的贯彻执行情况及各类文件的打印下发，并建立收发文签收制度，未建立收发文签收制度的，一次扣罚月绩效工资 20 元。

2. 对于总公司要求各分公司、各部室上报的数据要按上报时限积极催办，如未跟踪催办，造成上报时间延误或未报，影响总公司正常工作的，扣罚月绩效工资 10 元。

3. 建立健全各类文件的存档管理工作，凡因未建立文档管理而造成文件丢失或查无下落的，扣罚月绩效工资 30 元。

4. 组织安排好公司各类会议、会议通知，凡因安排失误或会议通知不到位造成责任的，扣罚月绩效工资 20 元。

5. 按时完成公司领导交办的各项临时性工作，凡因失误影响工作情节严重的，扣罚月绩效工资一次 30~50 元。

6. 认真做好服务质量监督检查工作，对检查发现的问题提出整改意见，按要求下发整改回单，未按规定办理的，一次扣罚月绩效工资 20 元。

7. 由于监督检查工作不到位，造成严重管理失职责任的，总公司在扣罚各分公司相关责任人及分公司经理外，同时扣罚总公司监督检查责任人月绩效工资 100 元。

8. 检查发现的问题必须对责任人开写违章违纪处罚单，并在月末 25 日前上报人力资源部，人力资源部凭处罚单对责任人做相应扣罚，无罚单的一次扣罚监督检查责任人月绩效工资一件一次 20 元。

9. 未按月编发质量通报的，一次扣罚月绩效工资 100 元。

10. 做好公司公章、印鉴的管理工作，凡因公章印鉴管理不善造成责任的，扣罚月绩效工资 100 元。

11. 负责全公司物资及办公用品用具的采购、入库、出库的建账工作，未建立出入库账目的，扣罚月绩效工资 50 元。

12. 负责报箱的采购、分配入库、出库建账工作，凡因未建立账目造成报箱数字错误的，扣罚月绩效工资 50 元。

13. 负责全公司的车辆用油管理工作，按月做好用油计划，定期测试车辆用油量，并及时进行调整，未做用油计划造成公司资金流失的，扣罚月绩效工资 50 元。

14. 做好固定资产的登记建账管理，制定仓储管理规定，合理使用资金，按月制定物资采购计划，未按上述要求办理的，扣罚绩效工资 50 元。

15. 做好报箱的维修维护管理工作，经常督办分公司做好对报箱的维护检查工作，维护检查中发现问题要及时处理，对各分公司上报的报箱维护、维修申请报告未及时妥善处理造成责任的，一次扣罚月绩效工资 20 元，造成严重责任的扣罚月绩效工资 100~500 元。

16. 认真做好总公司办公用车的调配，公事用车应使用派车单制度，凡因未使用派车单或司机私自外出造成交通责任的，视情节轻重扣罚月绩效工资 100~500 元。

二、发行部长月绩效工资考核细则

1. 分公司出现报刊资金损失案件的，视情节轻重扣罚发行部部长月绩效工资100~300 元。

2. 分公司出现严重管理失职造成责任的，视情节轻重扣罚月绩效工资 100~300 元。

3. 分公司出现严重的服务质量问题被媒体曝光或上级领导严肃批评的，扣罚月绩效工资 100~300 元。

4. 做好分发组内部分发管理工作，做好印刷厂与发行公司的协调工作。凡因管理不到位造成当日应转发报刊不能按时转发或其他失职责任的，扣罚月绩效工资 50 元。

5. 认真做好夹报业务的管理工作，凡因管理不到位出现各单位夹报数字虚报、资金损失及严重质量问题的，扣罚月绩效工资 100 元。

6. 掌控全公司投递段道，如各分公司未经请示汇报私自更改投递段道或分公司私自撤增段道的，发现一次扣罚月绩效工资 100 元。

7. 负责《包头本周》和《家庭周刊》的发行业务协调工作及每周的报刊要数工作，如管理出现失误，扣罚月绩效工资 50~100 元。

三、财务部人员月绩效工资考核细则

1. 负责全公司的财务收支结算工作，做到账实相符，出现收支不平或报表失误的，一次扣罚月绩效工资 100 元。

2. 履行财务监督检查职能，按季做好对二级单位财务建账工作的指导及监督检查工作，凡未做好上述检查工作或检查工作无记录的，扣罚月绩效工资一次 10 元。

3. 负责报刊订阅款的结算工作及欠费的收缴工作，对欠费未交回而该业务已核发提成费造成责任的，扣罚月绩效工资 100 元，并同时扣除已核发的提成费，待追回欠费后，再退回提成费。

4. 由于工作失误给公司资金造成损失的，视情节轻重扣罚月绩效工资 200~500 元。

5. 负责分公司票据、发票的换发、领取工作，未及时给予换发票据、发票影响分公司工作的，扣罚月绩效工资 100 元。

6. 建立票据管理账目，做到交接清楚，账实相符。交接未签收或未建账的，扣罚月绩效工资 50 元。

四、人力资源部月绩效工资考核细则

1. 制定公司整体的组织结构、岗位定编工作及人力资源管理制度，未建立上述管理制度的，扣罚月绩效工资一项 20 元。

2. 按月进行全公司人员的工资核算，每月 10 日前编制完工资报表，并做到对员工工资发放情况了如指掌，核算准确无误，因失误造成责任影响工资发放的，扣罚月绩效工资 50 元。

3. 员工与公司发生劳动纠纷或劳动争议应及时解决，由于解决不及时造成事件扩大影响工作的，扣罚月绩效工资 100 元。

4. 按月抽查考核分公司的日常考勤工作，并做好检查记录，由于监管不力造成不按规定考勤以及未按规定办理请销假的，扣罚月绩效工资每次 50 元。

5. 各分公司招聘的员工未及时上报人力资源部，人力资源部也没有及时沟通造成薪酬纠纷除扣罚分公司经理外，同时扣罚人力资源部月绩效工资 200 元，招聘的员工工资由分公司经理和人力资源部共同支付。

6. 对招聘的人员未严格把关，如超龄、无身份证件、身患疾病等原因造成责任及严重后果的，扣罚绩效工资 500 元。

7. 管理好办公室人员的考勤、请销假工作，未认真做好此项工作的，扣罚月绩效工资 50 元。

8. 认真做好员工的离职管理工作及各类社会保险管理工作，上述两项未及时办理造成责任的，扣罚月绩效工资一项 50 元。

9. 各项补贴如车辆油料补贴要心中有数，凡因未按公司规定标准进行核发或掌握情况不准确造成公司资金损失的，扣罚月绩效工资 100 元。

五、运输部月绩效工资考核细则

1. 认真做好车辆的登记造册，并建立车辆档案管理及建档资料，未建立车辆档案管理和建档资料的，扣罚月绩效工资 50 元。

2. 非运送报刊的公事出车应执行综合办公室派车单制度，发现出私车一次扣罚月绩效工资 50 元。

3. 未经允许私自出车、向外借车，发现一次扣罚月绩效工资 200 元。

4. 发生交通事故未及时向总公司汇报，造成责任的，扣罚月绩效工资 100 元。

5. 运输报刊车辆的司机未认真执行报刊运输签收制度的，发现一次扣罚月绩效工资 20 元。

6. 车辆归班后未按规定停放在指定位置，发现一次扣罚月绩效工资 20 元。

7. 驾驶员在运输途中或分发现场吸烟，发现一次除扣罚驾驶员外还要扣罚运输部负责人月绩效工资 50 元。

8. 由于未认真办理报刊的交接签收，造成报捆错装、错卸，每错一捆扣罚月绩效工资 50 元。

六、网络部月绩效工资考核细则

1. 配合综合办公室做好计算机的维修维护工作，对计算机进行不定期检查维护，使全公司计算机处于正常运行状态，凡发生检查维护不到位造成计算机不能正常运转而影响工作的，扣罚月绩效工资 50 元。

2. 做好公司软件的保密工作，凡发生失密责任的，扣罚月绩效工资 500 元。

3. 报刊订阅信息资料要准确无误，并及时协调分公司对报刊信息数据进行调整，凡因失误造成报刊数据不准确的，扣罚月绩效工资 100 元。

4. 按季做好各分公司内勤的报刊信息录入培训工作，凡由于培训不到位使得相互不协调造成责任的，扣罚月绩效工资 50 元。

七、信息平台绩效工资考核细则

1. 认真接收用户投诉，当场处理不了的问题应在 10 分钟内通知相关分公司处理，6 小时内再次催办，未按规定办理的扣罚月绩效工资一件 10 元。

2. 接听投诉电话时不使用文明用语，与用户争吵发生一次扣罚月绩效工资50 元。

3. 对各分公司的投诉处理与结果进行跟踪催办，未按规定办理的扣罚月绩效工资 20 元。

4. 接听用户订报电话应在 10 分钟内通知相应分公司上门订阅，未认真办理，造成用户投诉的扣罚月绩效工资 30 元。

5. 对市政府相关部门的指令、指示、会议通知必须在第一时间转达相关领导，未认真办理造成责任的一次扣罚月绩效工资 30 元。

6. 对当天投诉电话、咨询电话应认真做好记录，未按规定办理的一次扣罚月绩效工资 20 元。

7. 对当月的各类电话记录应按月汇总，并按月编发信息反馈情况通报，未按要求办理的一次扣罚月绩效工资 50 元。

八、考核责任的落实

1. 每月 25 日至 30 日由综合办公室、人力资源部、财务部对上述月绩效工资考核办法按部门逐条进行考核。次月 5 日前将考核结果报总经理及总经理助理审核后，由人力资源部按考核结果扣罚相关人员的绩效工资。

2. 本办法从 5 月 25 日起执行。

附录 3-2-2 综合办公室岗位职责考核办法

1. 日常办公用品和低值易耗品，由综合办公室按公司制度计划购置。对于没有依照“小批量，勤购进”原则分批购置，造成公司资金被占用的，每发生一次扣罚 20 元。生产用品、劳保及劳动防护用品由综合办公室按量购置，对于未按购置计划购买的，每发生一次扣罚 20 元。对于未按时发放生产用品、劳保及劳动防护用品影响工作的，每发生一次扣罚 20 元。

2. 负责制定总公司各项规章制度，建立健全各部门岗位职责。未按要求监督岗位职责贯彻落实的，每发生一次扣罚 20 元。公司日常文件、信函未按要求时限发放影响工作的，每发生一次扣罚 20 元。

3. 对未按总经理或总经理助理要求对公司日常事务安排协调的，每发生一次扣罚 10 元。合理安排、科学组织公司的各种会议与活动，对于会议安排不合理、活动组织不严密，给公司造成影响的，每发生一次扣罚 20 元。对未完成公司领导交办的临时工作任务的，每发生一次扣罚 10 元。

4. 在公司规定的范围内使用印章和介绍信，对违反用印制度、各种印章和介绍信的，每发生一次扣罚相关负责人 10 元，扣除综合办公室主任 20 元；对泄露公司商业机密或其他保密资料的，每发生一次扣罚 50 元。给公司造成损失的，追究损失责任。

5. 按公司规章制度和《财务制度》对财务部执行财务规章制度情况进行监督管理，对未按“财务制度”监督管理的，每发生一次扣罚 10 元。

6. 人力资源部未按全年用工计划科学合理地设置组织机构，各部门、分公司、分站定岗、定编人数大于发行投递工作实际需要，未及时提出意见、建议的，每发生一次扣罚 20 元。把关不严，把不符合录用条件或岗位不需要的人员招聘到公司的，每发生一次扣罚 50 元。没有按月对绩效考核工作作出考核的，每发生一次扣罚 20 元。对考勤及请销假制度监管不严的，每发生一次扣罚 20 元。

7. 监察部检查是否有记录，是否填写投递服务质量回单，对违章违规是否按规定进行罚款，综合办公室监督、检查监察部和检查员每月检查的天数及记录回单、罚款情况，对于检查天数少于公司规定的天数或记录、回单、罚款单填写不配套的，每发现一次扣罚 20 元。

8. 没有定期对车辆进行安全检查，造成车辆带病工作，影响报刊安全、及时、准确运送的，扣罚 20 元。未按时对车辆信息进行登记造册，建立档案的，每发生一次扣罚 10 元。保障公司各部门工作用车，做好车辆的调配工作，未妥善调配车辆影响工作的，每发生一次扣罚 20 元。

9. 未按规定对信息平台的投诉件进行跟踪管理的，每发生一次扣罚 20 元。对用户和投诉处理、回访或服务质量、服务态度等情况的监督抽查不到位，影响工作的，每发生一次扣罚 10 元。

10. 维护公司网络的安全稳定运行，确保设备完好率达到 95%，信息录入准确率达到 100%，对于设备全年完好率低于 95%或信息录入准确率低于 100%的，每发生一次扣罚 10 元。

附录 3-2-3 人力资源部部门岗位职责考核办法

人力资源管理是现代企业管理最活跃的因素，在企业管理中的地位和作用更加突出，为了切实发挥人力资源在公司管理中的核心作用，进一步落实人力资源岗位职责，特制定本考核办法。

1. 负责总公司整体人力资源管理工作，做出整体的用工计划，结合公司的实际情况，制定人力资源发展规划、目标和任务。未完成工作任务而影响公司总体发展的，每发生一次扣罚 10 元。

2. 未完成公司整体组织结构、岗位定编、工作职责的制定和修订工作，每发生一起扣罚 20 元。对公司人力资源职能是否执行垂直管理以及未能促进公司人力资源合理配置、实际运行效果差的，每发生一次扣罚 10 元。

3. 未按时制定总公司人力资源管理制度，对修订及组织实施工作执行不力，每发生一次扣罚 10 元，未能按照总公司人力资源发展规划做好人员的定编、定岗工作的，每发生一次扣罚 20 元。

4. 负责公司员工的招聘、聘用、劳动关系的管理工作，未按公司要求招聘到符合条件的员工，因员工聘用和劳动关系管理混乱影响公司正常工作的，每发生一次扣罚 20 元，未能按时建立健全员工人事档案，未及时对符合录入条件的员工按规定签订《劳动合同》或《劳务合同》的，每发生一次扣罚 20 元。

5. 未能按时建立并逐步完善员工薪酬福利体系，按时编制员工工资报表，影响工资正常发放的，每发生一次扣罚 50 元。负责公司员工社会保险管理、核算、缴纳与申报工作，未按月办理的每发生一次扣罚 20 元。未坚持“按劳分配、效益优先，兼顾公平”的分配原则开展工作的，每发生一次扣罚 10 元。

6. 负责组织公司各部门、分公司、分站绩效考核办法的制定、实施和检查工作。对未按月进行绩效考核的，每发生一次扣罚 20 元，对绩效考核工作的实施和检查监督不到位，影响工作的每发生一次扣罚 20 元。

7. 负责制定培训工作计划，认真组织落实、合理安排各级人员的培训工作，对未制定培训计划、组织人员培训工作影响发行投递正常工作的，每发生一次扣罚 10 元，对各级人员的培训内容未解决实际问题、提升管理效率的，每发生一次扣罚 10 元。

8. 员工与公司发生劳动纠纷或劳动争议的应及时解决，由于解决不及时，事件扩大造成恶劣影响的，每发生一次扣罚 100 元。

9. 负责指导各部门、分公司、分站的人力资源管理工作。对各部门的日常考勤是否按规定办理请、销假手续等工作进行监管。监管不力造成不按规定考勤以及未按规定请销假的，每发生一次扣罚 10 元，员工终止或解除劳动关系后，未办理离职工作交接手续，就结算工资、办理各项保险的转移和提出个人档案的，每发生一次扣罚 50 元。

10. 员工个人档案未分类存档管理的以及《劳动合同》和《劳务合同》未按类保存的，每发生一次扣罚 10 元。

附录 3-2-4 财务部部门岗位职责考核办法

财务管理制度是公司一切经济行为的准则，既是一种约束、自律机制，又是规范化管理条例，为了发挥财务管理在公司管理中的中心地位，保障资金安全使用，进一步落实财务部岗位职责，特制定本考核办法。

1. 未对公司资金与资产进行科学合理的管理，造成公司的经济核算数据不准确，使财务分析不及时，影响公司工作的每发生一次扣罚 20 元。

2. 每月为公司编制财务报表及其他会计报表；监督财务收入情况，依法计缴国家税收，并向有关方面和总经理报送财务决算，统筹处理财务工作出现的问题。未完成一项工作任务扣罚 10 元。

3. 负责制定公司财务管理制度，并指导各分公司、分站落实财务制度，协调各分公司、分站与财务部门的关系，指导分公司、分站设立二级财务账，同时做好收缴报款的工作，加强成本管理、财务审核的监管工作，未完成一项工作任务扣罚 10 元。

4. 严格对各种费用报销的监管，严格遵守借款和报销制度。未对各种费用报销严格监管及对不符合借款手续或报销制度的借款报销的，每发生一次扣罚 50 元，对不按规定领取票据和换发发票的，每发生一次扣罚 50 元。

5. 未按期编制财务预算、收支计划、信贷计划，造成资金管理不善，资金未能高效使用和合理周转的，每发生一次扣罚 20 元，定期对资金使用情况进行监控与分析，提出合理的使用规划，未做到的每发生一次扣罚 10 元。

6. 遵守会计核算一般性原则，按照会计凭证和账簿进行会计核算，未进行核算及未按会计凭证记账的，每发生一次扣罚 10 元。

7. 现金出纳必须做到日清月结，由于现金管理未按规定执行，经检查发现的，每次扣罚 50 元，对于挪用现金和以白条抵库的发现一次扣罚 100 元。负责协调与处理有关税务、银行等方面业务工作。

8. 由于工作管理不力，造成公司银行账号泄密，对公司造成影响的，每发生一次扣罚 50 元。必须遵循一人管理印鉴，一人管理支票，由一人统一保管使用的，每发现一次扣罚 50 元。

9. 对签发空白或空头支票的，每发生一次扣罚 200 元，给公司造成经济损失的，追究损失责任。

10. 发票、会计报表、会计凭证及会计档案未按规定管理，造成丢失、损坏的，每发生一次扣罚 50 元。

附录 3-2-5　后勤保障部部门采购人员岗位职责考核办法

为了后勤保障部门采购人员尽职尽责做好物资、物品的采购工作，认真履行后勤保障部门的岗位职责，特制定本考核办法。

1. 服从综合办公室的领导，本着降低成本、控制支出的原则，做好物资、物品的采购工作。

2. 凡因生产需要采购的物资、物品，应按职责按月制定采购计划，针对物资、物品的价格做出预算，未按要求制定采购计划和支出费用预算的，扣罚 20 元。

3. 按计划填写《购物申请单》报综合办公室确定审核，待总经理签字批复后方可进行采购，未填写《购物申请单》及未按程序办理的，一次扣罚 10 元。

4. 采购回来的物资、物品入库前必须协同综合办公室进行验收，并建立库存物品入库登记簿，未进行验收或未建立入库登记簿的，扣罚 30 元。

5. 已采购的物资、物品要在一周内到财务报账，未按职责办理的一次扣罚 10 元。

6. 库存物资、物品按职责要求做到“三清、两齐、三一致”。相关领导检查、抽查时发现账目不清、物品乱堆、乱放、数量不相符的，一次扣罚 50 元。

7. 各部门及使用单位领取物资、物品时应填写《物品申请单》，未填写《物品申请单》或未在《物品申请单》上签字，未交由本部门领导签字而发放物资、物品的，一次扣罚 10 元。

8. 物资、物品发放后，应对物资、物品的使用情况、报箱安装、维修用料情况进行监督、抽查，未按规定进行监督抽查，造成资产流失，或使用单位虚报的，除扣罚使用单位外，扣罚采购员一次 30 元。

9. 员工离职、调岗时应督促使用单位领导将使用物资、物品追回，未追回的扣罚使用单位负责人 20 元，损坏及丢失的物资、物品责成使用单位进行赔偿。

10. 报废物资、物品应由使用部门拟写报废申请书提交领导确认后，方可办理相关报废手续，未按职责办理的扣罚 20 元。

附录 3–2–6 监察部专职检查员岗位职责考核办法

为了切实提高投递服务质量，确保公司各项规章制度的落实，特制定本办法。

1. 按岗位职责要求对各分公司、分站报刊款的收缴情况进行不定期的抽查检查，未按职责要求办理的，一次扣罚 20 元。

2. 每月对各分公司、分站的检查天数不应少于 10 天，检查工作中应填写检查报告书，达不到检查要求天数或未按规定填写检查报告书的，每少一天或缺一项各扣罚 10 元。

3. 对调阅的各分公司、分站检查人员的检查报告书及走访用户记录应认真进行审核，未进行审核的，综合办公室检查发现一次扣罚 5 元。

4. 每半年发一次征询用户意见函，未按规定办理的扣罚 50 元。

5. 严格按照总公司制定的《报刊投递服务质量监督检查考核办法》、《报刊运输、分发、投递作业管理办法》、《报刊综合作业时间表》履行检查职责，未按要求办理的，综合办公室抽查每发现一次扣罚 20 元。

6. 根据每月的检查情况，按月编发投递服务质量检查情况通报，未按月编发投递服务质量检查情况通报的按月扣罚，一次 20 元。

7. 对久查不改的，及时下发限期整改意见回单，要求各分公司、分站进行整改，未按规定办理的一次扣罚 50 元。

8. 负责对信息平台反馈的用户投诉进行跟踪，并督办检查落实情况，未按要求办理的一次扣罚 20 元。

9. 配合人力资源部做好业务培训工作，并根据检查工作情况做好发行投递人员的绩效考核和评选优秀发行投递员工作，未按要求办理的一次扣罚 10 元。

10. 检查中未按章办理、不坚持原则或徇私情等办事不公平的，发现一次扣罚 100 元。

附录 3-2-7 信息平台岗位职责考核办法

为了更好地发挥信息平台的沟通、处理、反馈、职能作用。进一步落实好信息平台的岗位职责，督促信息员更好地履行职责，特制定本考核办法。

一、投诉处理

1. 接收用户投诉当场处理不了的应在 10 分钟内通知相关分公司、分站处理，6 小时之内必须再次催办，抽查发现未按规定时限办理的，一次扣罚 10 元。

2. 接听投诉电话时应使用文明用语，不得与用户争吵，发生一次扣罚 50 元。

3. 严格执行首问责任制原则，不得出现推诿现象，对通知各相关分公司、分站的投诉处理过程与结果必须进行跟踪催办，未按规定办理的发现一次扣罚20 元。

二、业务咨询处理

1. 接听用户的订报电话应在 10 分钟内，通知相应投递范围内的分公司、分站上门订阅，并落实办理结果，未按要求办理的一次扣罚 30 元。

2. 对市政府及相关部门的指令、指示、会议通知，未在第一时间传达到相关部门领导，造成责任的一次扣罚 30 元。

三、信息反馈的要求

1. 对当天的投诉电话、业务咨询电话、市政府办公电话，都应做好相关记录，并逐一进行回复，做好回复时间记录，未按规定办理的一次扣罚 20 元。

2. 当天投诉电话、订报电话，每日下午下班前根据记录填写“信息反馈情况登记表”，按要求送交相关部门及领导，未按要求办理的一次扣罚 10 元。

3. 对当月各类电话记录应按月汇总，并按月编发信息反馈情况通报，未按要求办理的按月一次扣 50 元。

4. 本办法从 5 月 1 日起执行。

附录 3–2–8 对信息平台信息反馈处理中相关失职领导的处罚规定

为了进一步落实好信息平台的岗位职责执行情况，发挥相关管理层的监督指导作用，提高投递服务质量，完善投递管理工作，满足客户的需求，特制定本办法。

一、总公司专职检查员

1. 对信息平台每日统计的“信息反馈情况登记表”进行分析，并主动与相关责任单位按件落实，催办各分公司、分站的落实情况，并做好记录，未按此要求办理的一次扣罚总公司专职检查员 20 元。

2. 总公司专职检查员负责每周向总经理汇报本周的投诉情况和对各分公司、分站的督办落实情况，对不认真处理投诉的分公司、分站做出处理意见，未按此要求办理的扣罚总公司检查员 20 元。

二、发行部部长

1. 发行部部长催办各分公司、分站处理投诉，落实处理结果，并将处理结果与总公司专职检查员进行沟通核对，并做好相应的记录，未按上述要求办理的扣罚发行部部长 30 元。

2. 用户重复投诉的，一次扣罚发行部部长 50 元。

三、分公司经理分站站长

1. 对信息平台反馈的信息应及时进行处理，落实责任段道处理情况，并在“信息平台岗位职责”规定的处理时限内答复信息平台，以便信息平台在规定的时限内回复用户，未按要求办理的一次扣罚分公司经理、分站站长 20 元。

2. 出现重复投诉的，除按总公司制定的《投递服务质量监督检查考核办法》扣罚相应投递段道发行投递员外，还扣罚相应分公司、分站站长 30 元。

3. 每月累计凡投诉超过 20 件（特殊情况除外）的，扣罚担任分公司经理、分站站长 100 元。

注：（1）以上检查工作由综合办公室落实，总公司专职检查员及发行部部长的检查工作由总公司领导检查落实。

（2）本办法从 2011 年 5 月 1 日起执行。

（3）本办法解释权归总公司综合办公室。

附录 3–2–9 网络部部门岗位职责考核办法

网络部是负责总公司报刊订阅信息的管理部门，也是总公司生产运行的关键，在总公司发挥着举足轻重的作用，网络运行顺畅，能够保障总公司工作的正常运转，为了确保网络部岗位职责的贯彻落实，特制定本考核办法。

1. 对总公司计算机进行不定期的检查维护，使全公司计算机处于正常运转状态，凡发生检查维护不到位，造成计算机不能正常运转，影响工作的扣罚月绩效工资，一次 50 元。

2. 对全公司的订阅单据，录入信息工作要做到准确无误，凡发生数字不准确造成录入信息错误的，影响报刊投递的，一次扣罚 100 元。

3. 定期组织发行软件使用人员及分公司内勤进行业务培训，指导相关人员熟练掌握业务技能，并及时对各分公司订阅单据的录入情况进行抽查，审核把关，凡未按上述要求办理的，一次扣罚 50 元。

4. 按征订进度计划认真统计各分公司及相关部门的征订进度，并按总公司规定的时限进行通报，凡未认真按总公司办理的，一次扣罚 50 元。

5. 配合发行部做好所订报刊相关订阅地址的区域划分，并做好订阅单的转单改址工作，凡因工作失误造成损失的，一次扣罚 100 元。

6. 做好总公司软件系统的信息保密工作，不得泄露公司的客户信息，凡因工作失误造成信息失密泄露的，按月绩效工资考核办法扣罚绩效工资 500 元。

7. 报刊订阅信息资料要准确无误，并及时协调分公司对报刊信息数据的调整，凡因失误造成数据不准确的，扣罚月绩效工资 100 元。

附录 3–2–10 运输部及驾驶人员岗位职责的考核办法

为了做好全公司车辆的安全管理工作，确保报刊运输能够按照总公司制定的作业计划认真组织实施，并准确无误地做好报刊的投递工作，特制定本办法。

一、对运输部的具体要求

1. 认真做好车辆的登记造册，并建立车辆档案管理，未建立登记造册及建档资料的，扣罚 50 元。

2. 公事出车应执行派车单制度，发现未经批准出私车的，一次扣罚 10 元。

3. 车辆维修应填写维修通知单报总经理审批后报修，未按制度执行一次的，扣罚 10 元。

4. 驾驶员违章发生交通事故，要及时向总经理汇报，要按职责做好事故分析报告及处理意见，并下发相关通报，未按此要求办理的，一次扣罚 20 元。

5. 未按要求与驾驶人员签订《安全协议书》的，扣罚 200 元。

二、对驾驶员的具体要求

1. 未按《报刊综合作业时间表》运送报刊及办理交接手续，造成报刊转运、报刊延误的，一次扣罚 10 元。

2. 酒后驾驶、带病行驶除违反交通法受到交管部门处罚外，总公司将对驾驶员一次扣罚 100 元，并予以辞退。

3. 未做好车辆三检工作，车辆归班后未按规定停放在指定位置，发现一次扣罚 50 元，造成事故的另行追究其责任。

4. 发生车辆剐蹭、违章、交通事故，未及时向部门领导汇报的，一次扣罚100 元，违章罚款由个人支付。

5. 私自出车或外借车辆的，发现一次扣罚 200 元。

6. 不服从领导安排的，一次扣罚 50 元。

注：（1）对运输部部长及驾驶人员的考核处罚由综合办公室负责抽查、检查。

（2）发生交通事故的，由总公司领导做出处罚。

附录 3-2-11 司机聘用合同书

甲方：包头日报发行有限责任公司

地址：昆都仑区乌兰道 20 号包头日报社底店

乙方：

性别：

出生年月：

文化程度：

驾驶证号：

邮编：

甲方因工作需要，聘用乙方为合同工驾驶员，经甲乙双方友好协商，自愿签订本合同。

一、合同期限

本合同期限为　　年，自　　年　　月　　日至　　年　　月　　日止。

二、工作内容

1. 根据甲方工作需要，乙方同意担任驾驶员工作。

2. 根据甲方的规定，乙方同意统一遵守《运输部车辆管理制度》，并按照运输部岗位责任的要求，完成本岗位的工作任务，保障甲方一切用车需要。

三、劳动报酬、福利待遇

1. 甲方每月以货币形式支付乙方工资　　元。

2. 在国家规定的法定节假日里，如因工作需要加班，甲方付给乙方一定的加班工资。

3. 从乙方被正式聘用为正式员工后，甲方为乙方办理养老保险。

四、劳动纪律

1. 乙方应遵守甲方依法制定的规章制度，严格遵守交通法规和《驾驶员管理制度》，对违反法规和制度所产生的后果由乙方全部承担。

2. 乙方违反劳动纪律，甲方可依据本单位规章制度，给予纪律处分、罚款，直至解除合同。

五、合同的变更、解除、终止、续订

1. 本合同期限届满，即行终止。

2. 订立本合同所依据的客观情况发生重大变化，致使本合同无法履行的，经甲乙双方协商同意，可以变更本合同的相关内容。

3. 经甲乙双方协商一致，本合同可以解除。

4. 乙方有下列情形之一的，甲方可以解除合同。

（1）严重违反劳动纪律或甲方规章制度的。

（2）不服从管理或在工作中严重有损甲方单位形象的。

（3）严重失职营私舞弊，对甲方利益造成重大损害的。

（4）被依法追究刑事责任的。

5. 有下列情况之一的，甲方可以解除合同，但应提前　日以书面形式通知乙方：

（1）乙方因病或因工负伤，医疗期满后不能从事驾驶员工作的。

（2）乙方不能胜任工作的。

（3）双方不能依据本合同第五条第二款变更合同达成协议的。

6. 乙方解除本合同，应提前　　日以书面形式通知甲方，否则甲方不予办理相关手续。

7. 本合同期满，甲乙双方经协商同意，可以续订劳动合同。

六、本合同未尽事宜或与今后国家、包头有关规定相悖的，按有关规定执行

七、本合同一式两份，甲乙双方各执一份，双方签字盖章后生效

甲方：（盖章）　　　　　　乙方：（盖章）

年　月　日　　　　　　　　年　月　日

附录 3-2-12　驾驶员安全协议书

为了遵守国家交通法规，提高公司驾驶员的安全意识，对驾驶员安全行车签订如下协议（以下简称甲方、乙方）。

甲方：包头日报发行有限责任公司

乙方：

乙方必须牢记交通安全意识，严禁出现违章现象。

一、乙方必须加强对行车安全的自身管理

每天出车前和下班前检查车况，出现问题及时上报。每天将车辆停放于指定地点。

二、乙方必须在出行途中牢记并遵守交通安全法

1. 工作途中出现交通意外事故，如责任认定为乙方，乙方必须自己承担一切责任，若与甲方无关，甲方不负任何责任。

2. 如交通事故认定为第三方责任，甲乙双方依法追究第三方责任。

3. 如交通事故认定为乙方和第三方均负有一定责任，则乙方负责承担应负责任，与甲方无关，甲方不负任何责任。

三、乙方必须服从甲方的管理和指挥

四、驾驶员薪金参看《司机合同》

以上未尽事宜，双方共同协商解决。本协议自签字盖章后生效。

甲方：（盖章）　　　　　　　　　　乙方：

年　月　日　　　　　　　　　　　　年　月　日

附录 3-2-13　员工奖励条例

为了发挥公司员工的爱岗敬业精神，树立公司良好的社会形象，进一步提高经营管理工作和服务水平，特制定本条例。

一、经营管理方面

1. 自觉履行岗位职责，恪守职业道德，忠于职守，爱岗敬业，廉洁奉公，团结互助，在本岗位做出突出贡献者奖励 500 元。

2. 为维护公司利益或为公司争得荣誉并取得了良好的社会效益，或在防止事故发生、减少经济损失等方面做出贡献者，根据贡献情况核发奖励。

3. 积极提出合理化建议被公司采纳实施的，一条奖励 50 元。

4. 维护公司纪律，抵制歪风邪气，敢于同不良现象和行为做斗争，事迹突出者，根据实际情况确定奖励标准。

5. 业务技能比赛取得综合奖第一名的，奖励 500 元。

6. 监督检查工作中，发现贪污挪用报刊款的及时进行追缴，为公司挽回经济损失的，奖励 500 元。

7. 对经营管理工作提出具体改进方案，经采用并取得经济效益的，一条奖励200 元。

8. 年终被评为先进管理工作者、先进生产者的，奖励 500 元（优秀发行投递员与先进生产者不重复奖励）。

9. 年终被评为优秀发行投递员的，除按月增加绩效工资外，另外奖励500 元。

10. 各分公司、分站每月用户投诉为零的，按月奖励分公司、分站领导300 元。

二、服务质量方面

1. 被电台、电视台等新闻媒体表扬的，一次奖励 300 元。

2. 获得用户表扬信的，一件奖励 20 元。

3. 获得用户口头表扬的，一次奖励 2 元。

4. 信息平台尽职尽责，任何分公司、分站为零投诉，除奖励分公司、分站领导外，奖励信息平台每月 50 元。

三、绩效及其他

1. 超额完成报刊业务指标，为公司创造了良好的经济效益，成绩突出者，奖励按创收的经济效益实际核算发放。

2. 车辆驾驶人员全年未发生重大交通事故，奖励相关分管领导、分公司、分站相关领导 300~500 元。

3. 车辆驾驶人员按照公司核定的燃油计划，在保证车辆生产正常运转下，年终核实后，按节油费用的 50%返奖驾驶人员。

4. 各分公司、分站全年未发生安全生产事故（包括车辆安全、人员安全、资金安全、防火防盗）的，除按经营承包责任书考核奖励兑现外，另外奖励 500 元。

5. 网络维护及计算机管理运行中，全年设备完好率达到 95%。信息录入准确率达到 100%的，奖励相关网络部负责人 300~500 元。

注：（1）本条例从 2011 年 5 月 1 日起执行。

（2）解释权为总公司综合办公室。

附录 3-3　综合办公室相关制度

附录 3-3-1　日常办公管理规定

1. 公司管理人员实行每周五天工作制，享有国家法定节假日（加班等特殊情况除外）。

2. 机关工作人员在上下班实行指纹签到，每日上班由人力资源部点名，工作时间不得迟到、早退。

3. 严禁员工随意丢弃、乱放或私借他人保管的公司文件，对重要或保密文件，各部门要有专人保管，建立相关档案，对涉及公司商业机密的文件要存档进行管理，如有泄露，其保管人要承担相应的纪律处分和法律责任。

4. 公司办公区域的工作秩序及工作环境由综合办公室负责统一管理，各部门、各分公司经理负责管理本部门的办公秩序。

5. 员工在办公区域内要保持安静，不得大声喧哗、嬉戏打闹，严禁在工作期间长时间用公司电话或个人手机接打私人电话，如遇亲朋好友前来探望，应在15分钟内办完个人事情，不得影响正常工作。

6. 严禁上班时间上网、聊天、玩游戏、听音乐和看影片，做与工作无关的事情。下班时应关闭个人电脑，将个人座椅复位。每日最后离开公司的员工（综合办公室安排）负责关闭所有窗户、办公区域的照明等用电设备，并负责锁好门窗。

7. 员工需保持办公环境整洁，不得随地吐痰、不得乱扔废弃物，工作垃圾、纸屑等一律放进纸篓，保持洗手间的卫生清洁（见值日制度）。

8. 公共办公区域严禁吸烟。节约用水，正确使用饮水机，在无水情况下应关闭饮水机电源，通知相关人员更换饮用水，此项工作由综合办公室人员具体负责。

9. 公司员工工作时间要佩戴工作证。

附录 3–3–2 值日制度

为保持公司内部卫生清洁，特制定以下值日制度。公司内部所有人员要按照本制度执行。

一、值日范围

1. 总经理办公室：每日要擦洗桌椅、窗台、沙发、饮水机，并清扫地面。

2. 员工办公区域：个人负责各自办公桌的，保持办公环境和办公桌椅的清洁整齐，值日人员负责打扫办公区域的公共地面、擦洗公司形象镜、保持饮水机的清洁并负责卫生间的卫生。

3. 周一至周五由综合办公室安排人员每周轮流打扫卫生，综合办公室定期组织办公室人员进行大扫除，包括对玻璃门窗的清洗。

二、值日要求

值日人员要彻底清扫办公区域，不准存留卫生死角；值日人员要在每日上班前 10 分钟打扫完毕；办公室人员要保持好室内的环境卫生和自己办公桌面的清洁。卫生检查工作由综合办公室人员定期组织互查。

附录 3–3–3 会议制度

为加强会议管理，提高公司整体工作效率，规范公司议事程序，并通过各类会议推动公司的全面工作，特制定以下会议制度。

一、晨会

1. 主持：综合办公室主任主持，主任有事由副主任主持，主任、副主任不在的情况下应指定其他人员负责主持。

2. 召开时间：每周一、周五早上上班点名后开始。

3. 参加人员：综合办公室全体人员、综合业务部各部门负责人、发行部负责人。由于特殊原因不能参加的，应提前向综合办公室请假。

4. 会议内容：

（1）周一：各部部长和部门负责人汇报本周的工作计划，安排本周的工作。如有需要公司全体人员周知的事情，须在晨会上做出说明。

（2）周五：对本周的工作进行小结，并对工作中存在的问题进行分析和解决。

二、业务经营分析会议

1. 主持：总经理主持，一般情况下由总经理助理主持。

2. 召开时间：每月一次，一般安排在月末周五 17：30 召开，如有变化，由综合办公室统一下发通知。

3. 参加人员：总经理、总经理助理、各部部长或部门负责人、各分公司经理、综合办公室相关人员。

4. 会议内容：

（1）各分公司经理总结上月的发行工作，并汇报下月的工作计划，找出工作中存在的问题和解决办法。

（2）总经理或总经理助理对提出的问题进行协调、解决。

（3）发行部部长公布本月各分公司的业绩情况。

（4）各部门负责人汇报本部门生产经营和管理工作情况，并提出需要解决和协调的问题。

（5）由总经理或总经理助理对下月工作进行安排、部署。

业务经营分析会要求所有参会人员不得缺席、迟到、早退，有特殊原因的要向综合办公室请假；各参会人员不能在毫无准备的情况下参加会议，要准备书面发言稿；在会议期间，所有人员的手机要调到静音状态，保持会议纪律。

附录 3–3–4　印信管理规定

一、印章和介绍信的种类

包括公司公章、合同章、财务章和介绍信。

二、公章、介绍信的使用和保管

1. 公章的使用范围：以公司名义发出的各类文件；颁发的各种奖状、证书、请柬；经公司领导批准的各种报表、表格和其他文书；以公司名义对外进行工作联系的介绍信、信函、便函。

2. 介绍信的使用范围：以公司名义与相关业务单位间的有关公务活动和工作联系。

3. 公司公章和介绍信由综合办公室指定专人负责保管。印信管理人员要遵守纪律，注意保密，印章必须加锁存放办公室，每次用印完毕，立即放回原处。

4. 坚持用章登记制度。每次用章应根据规定执行登记手续，并将用章文件交综合办公室备查。

5. 使用过的印章登记本和介绍信要有存根，于次年 3 月移交总经理备查。

6. 严禁开具空白介绍信，不得在空白介绍信、便函、公函上加盖各类印章。

三、合同章的使用范围

与业务往来单位签订的相关合同文书，与公司员工签订的劳动合同书。

四、财务章的使用及管理

1. 财务章的使用范围包括：财务人员到银行存款、取款、转账、开支票等。

2. 财务章由财务部会计人员专门负责保管，印章管理人员要遵守纪律，注意保密，印章必须加锁存放保险柜，每次用印完毕，立即放回原处。

附录 3–3–5 档案管理规定

为了公司的正常运作和发展，有效安全地保存公司的各种资料文件，以备查阅和记录，特制定以下档案管理规定。

一、文书档案归档规定

1. 归档范围包括以下几项：

（1）重要的会议资料，包括会议的通知、报告、决议、总结、领导讲话、典型发言、会议纪要、会议记录等，日常文件及临时性规章制度。

（2）报社发来的与公司有关的文字材料。

（3）公司与有关单位签订的合同、协议书等文字材料（各部门涉及的合同、协议统一给财务部备档一份，相关部门留存原件）。

（4）公司的各种工作计划、总结，反映主要活动的报告、总结及反映本公司重要活动的文件记录等。

（5）后勤部管理的与公司有关的账务资料。

（6）其他按领导要求需要归档的文件。

2. 归档要求包括以下几项：

(1) 各分公司、各部门在每年的干部述职大会后，要及时将述职报告上交综合办公室存档。

(2) 按照归档范围，分别将各类文件按类别进行归档。

(3) 归档的文件一般按时间顺序排列，按照文件下发的数量，在一定的时间内将文件汇总成册。

二、人事档案归档管理规定

1. 人事档案管理范围。公司全体员工的入职手续，包括入职表、身份证、学历证书、学位证书、职称证书、资格证书、其他相关证书；离职人员的离职报告、离职表等手续；相关劳动（劳务）合同；工资等方面的文件。

2. 人事档案的管理要求。

(1) 除人事档案管理人员外，无关人员不得翻查人事档案，如有特殊情况需查阅的，需总经理同意后方可翻阅；人事档案不允许外借，如发生外借导致公司利益受到损害的，人事档案管理人员负全责，并承担相应责任。

(2) 管理人员对所管理的人事档案必须逐人登记注册。每年要按在职人员登记名单全面检查一次档案，发现漏缺档案的需尽快查找并补齐。

(3) 严格遵守保密制度，不得擅自向他人提供档案材料或泄露档案内容。不得擅自转移、分散和销毁档案材料。

三、财务方面的资料档案规定

1. 归档范围：各种财务报表、账务凭证、账本等。

2. 档案的管理要求包括以下两点：

(1) 财务部负责人负责管理财务部的各类财务档案，将每月的各类报表按月归档。

(2) 财务档案属于公司的机密性档案，除档案管理人员外，其他任何人不得私自查阅档案，如有特殊情况，需总经理同意后方可查阅。

四、电子档案归档规定

1. 公司的各种重要会议、各类活动等拍摄的照片电子版、影像资料以及有关的文字说明材料，均由综合办公室统一保管。

2. 公司各类文件、领导讲话稿、年终总结等各类资料的电子版均由综合办公室负责统一保管。

五、档案保密

1. 档案工作人员对档案中涉及机密或不宜公开的内容，非工作需要，应做到不记录、不谈论，以防泄密。

2. 查阅档案资料者要严格履行查阅手续，遵守借阅制度和保密规定。不得翻阅与所申明的查阅目的无关的内容，并严守机密。如需复制、抄录档案内容，须经档案管理人员同意。

3. 公司定期对档案的保密安全情况进行全面检查，以确保档案的安全。

六、档案借阅

1. 公司员工借阅档案，只能借阅与本人工作有关的档案，超过范围一般不借阅，因工作需要时，需总经理批准，方可借阅。

2. 外单位前来查阅档案资料，需持单位介绍信，证明查阅目的和内容，出示本人证件，进行登记，待总经理批准后方可查阅。

3. 档案借阅者要爱护、保护档案、不得损坏、圈点、涂改、私自拆散档案，严禁转借他人或随意复制、摘抄、遗失档案。

附录 3–3–6 计算机管理规定及考核办法

为科学、有效地管理公司计算机，促进网络系统安全应用、高效运行，特制定本制度。

一、管理规定

1. 公司所有计算机应专人专用（使用人负责保管），并且要设置个人密码。不熟悉计算机操作者，应学会相关操作技术后方可使用，以防破坏计算机系统。如有特殊情况要使用计算机，需取得该计算机本人及相关领导同意后，方可使用。

2. 不使用计算机外部设备时，应关掉外部设备的电源。禁止长时间开着不使用的外部设备电源，显示器应设置节能模式，要求做到人走机关。

3. 计算机软件及各类设备驱动、配置软件，统一贴好标签。并要求存放在防磁、防潮的安全地方。

4. 所有计算机软件、软盘（包括已使用的和未使用的）在使用（再次使用）前应由使用人进行病毒检查，对未进行病毒检查而引起计算机硬件损坏的，按损坏件的原件进行赔偿。

5. 联网计算机不得随意在网上下载软件，在下载前应对资料进行病毒检查和采取相应的保护措施，或咨询相关人员后方可下载，个人原因导致部件损坏的，照价赔偿。

6. 公司的发行软件及系统及其他正版软件一律不准外借。公司的正版软件必须妥善存放，如有损坏或丢失，责任人要按价赔偿；如造成公司商业机密泄露，责任人承担相应的法律责任。

7. 禁止在工作时间玩游戏、浏览与工作无关的网页、做与工作无关的事情。除工作需要外，不允许使用 QQ 等软件上网聊天。严禁在网上传播非工作内容（如在网络上散布、传播谣言及任何不利于公司的消息等）。

8. 后勤部负责联系专人对公司的电脑设备及耗材及时进行维护和更换。

二、考核办法

1. 不经过计算机本人同意私自使用计算机的，对当事人罚款 30 元。

2. 使用计算机的人员要负责计算机的清洁工作，中午、晚上下班后必须关闭计算机，发现未关闭计算机的，对该使用人员罚款 20 元。

3. 计算机使用人员要爱护计算机，保证标签的完好，标签损坏的，对该机使用人员罚款 5 元。严禁自行拆装计算机，违者罚款 50 元。对自行拆装计算机而引发的损失由责任人承担。

4. 不得随意增加、删改计算机主要设备驱动程序。不得私自拆卸机器，增加、减少或试用新配件。自行安装或拆除零部件者，罚款 50 元/次，并对丢失或损坏的部件按价赔偿。

5. 删除机内文件造成他人数据丢失者以及修改、泄露公司数据者，情节严重者罚款 200 元/次，并对因此造成的损失负全部责任。

6. 计算机使用人员要妥善保管好计算机内的重要数据、资料及磁盘，定期做好资料备份工作，人为丢失、损坏、更改或擅自删除、拷贝有关文件或资料者，按情节轻重给予一定的处罚，擅自将资料软盘外带或拷贝打印公司机密文件、技术资料的，一经查实，以盗窃公司商业机密论处，给予辞退或开除。情节严重的，追究其法律责任。

7. 工作期间，被发现上网做与工作无关的事情，罚款 20 元。

附录 3–3–7　财务报销制度

1. 各单位在购买、采购物资时，应拟写各项费用的申请报告，交总公司综合办公室审阅签字，报总经理签字批复后方可购买。

2. 车辆修理：车辆的日常维护费，必须按照总公司对各用车单位核发的费用标准进行报账，报账时应使用正规的发票并填写报销单据，由报账单位负责人、运输部负责人、财务部负责人、总经理签字后方可报销。

3. 日常办公费（包括水费、电费、电话费、入网费等），均由各报账单位凭正式票据报账，由报账单位负责人、综合办公室、财务部负责人、总经理签字后方可报销，各单位必须按经营承包责任书所核发的费用报销，不得超支。

4. 全年一次性结算的费用（如房租费、取暖费、信报箱购置费、车辆购置费、车辆保险费、员工保险费、意外保险费），均由报账单位负责人、综合办公室、财务部负责人、总经理签字后直接报账。

5. 总公司直接采购的物品由综合办公室采购人员、财务部负责人、总经理签字后报账。

6. 微机维护费的报账，由后勤部检查审核后方可购买，所需配件凭正式发票由使用单位负责人、后勤部负责人、综合办公室、财务部负责人、总经理签字后报账。

7. 各单位报账时应严格按照报账程序由上述相关人员签字后报账，并按照总公司核发到各单位的费用掌握使用，不可控费用由经办人、财务部负责人、总经理签字后报账。

8. 必须购买的急需物品，必须按照先请示后采购的原则采购，方可报账，否则总公司不予报账。

希望各单位按照上述报账程序严格执行，确保使用资金的正常运转。

附录 3–3–8　票据管理办法

一、票据种类

1. 报刊发票使用的是经税务局统一编号并从税务局领取的专用票据，同时加盖包头日报社财务专用章方有效，视同有价证券，发票应统一由财务部负责人管理。发行公司财务人员从包头日报社专管人员处领取后录入电脑，下发到各个分公司。

2. 公司内部收据由出纳员开具、发放，并统一管理。

3. 报刊订阅单由公司财务部统一管理，公司会计统一编号并加盖公司财务专用章后方有效。

二、票据使用流程

1. 报刊发票从报社领取后，由公司及相关各分公司专人开具并管理，一般情况下，订报经办人员在缴款的同时给其开具发票，并负责送达客户，如订阅经办人员需先开发票的，应当主动给开具发票的专人打欠条，证明报款未交，待报款到位后撤条。各分公司使用发票程序如上。

2. 内部收据主要用于公司内部管理需要和公司其他经营业务，例如，收取的押金、管理人员承包的抵押金及综合业务部各类经营项目所需的凭证，由出纳员开具并进行管理。公司内部收据不得领用或外借。

3. 报刊订阅单主要用于公司征订报刊订报时使用，属于报刊订阅凭证，不可当作收据报销使用。报刊订阅单只限各部门负责人、各分公司经理在需要时从公司财务部领用，领用时要进行登记。整本订阅单使用后，由各部门负责人、各分公司经理负责整理、回收后交到财务部。

三、票据的处理

1. 如因保管不善遗失，损坏票据，造成的后果及经济损失由领用人和使用人负责赔偿，并及时登报申明遗失。

2. 如票据遗失或缺失，应主动向主管税务机关和发行公司领导及财务部门报告，同时登报予以公告。

附录 3–3–9 安全保卫规定、信息保密制度

一、安全保卫规定（防火、防潮、防盗）

1. 以防为主，杜绝安全隐患。了解各类易燃易爆物品有关知识，掌握消防知识。

2. 室内不准堆放与工作无关的易燃易爆物品。

3. 办公室内禁止吸烟，办公室门口不准乱扔烟头和火柴杆，防止引燃起火。室内不准使用明火或用电炉取暖，如有特殊需要须公司领导批准。

4. 灭火器材应放在适当位置，不得随意挪动，并定期检查，及时更换失效器材。

5. 不准擅自在办公室安装电源和使用其他电器设备，严禁乱接临时线。

6. 运送报纸的车内和报纸存放处严禁吸烟或焚烧其他物品。发现火险隐患及时处理并报告，发现火灾主动扑救，并及时向 119 报警。

7. 下班后，要做好检查，最后走的人员应关灯、断电、关窗、锁门。

8. 报纸、档案和其他纸类物品应放在干燥的地方，避免受潮造成损失。人为原因造成报纸或档案受潮的，追究相应责任人的责任。

9. 财务部工作人员要按规定保存好支票和现金，经常检查保险柜、办公室门窗的

防盗设施状况，发现问题，及时报告。

10. 各办公室人员应保管好各自物品，贵重物品及公司内部资料应上锁，防止被盗，因个人保管不善造成重要文件丢失的应承担相应责任。

二、公司信息保密制度

公司保密信息是指关系到公司相关权益，只限特定人员知悉的信息。员工在公司工作期间可能直接或间接地通过书面、电子文件、邮件、口头、图表等途径获得的保密信息。

为加强公司信息保密工作，维护公司权益，根据相关法律，结合公司实际情况，制定本制度。本制度适用于公司全体员工。

（一）保密信息的内容和范围

1. 公司保密信息的范围主要包括：公司重大决策中的机密事项；公司内部文件、合同、协议书、意见书、主要会议记录；公司财务部门的预决算报告及各类财务报表、统计报表；公司员工人事档案，工资性、劳务性资料；公司尚未付诸实施的经营战略、经营方向、经营规划、经营项目及经营决策；公司发行软件相关资料（订户详细信息、订阅单据）；其他经公司确定应当保密的事项。

2. 公司全体员工都有保守公司秘密的义务。尤其是能接触到公司机密的管理层人员对保守公司秘密负有特别责任。公司相关人员在与公司签订《劳动合同》的同时，必须签订《竞业禁止协议》。

（二）对保密信息的要求

1. 公司与接触重要机密的员工应签订 《保密合同》，《保密合同》以书面形式签订，具备以下主要条款：

（1）保密内容及范围。

（2）保密合同双方的权利和义务。

（3）保密协议的期限。

（4）保密费的数额及其支付方式。

（5）违约责任。

2. 对保密信息及管理人员的要求。对公司下发的保密文件及重要会议材料，各部门要妥善保管，下发要履行登记手续，下发文件不得乱扔乱放。如发现相关人员有乱扔公司文件的现象，并泄露公司相关机密，罚当事人 200 元，如对公司利益造成损害，追究其法律责任，并对部门负责人进行处罚。

公司相关人员在任职期间不得将公司保密文件泄露、出卖、赠予同行业其他竞争单位。一旦发现，将追究泄密者法律责任。

保密文件的复制必须履行审批、登记手续。要严格按照批准的份数，不得擅自多印留存。如发现不履行此手续的，罚当事人100元，部门负责人负连带责任，罚款200元。

传阅保密文件时，必须由指定人员统一掌握。不经过领导批准，不得擅自扩大保密文件的阅读范围，做好保密工作。传阅或借阅文件，要严格坚持登记制度。未按规定进行操作的，罚当事人100元，如造成公司机密泄露、有损公司利益的，追究其法律责任。

保密文件必须存放在有保密设施的办公室及设备中保管，并经常检查。

公司发行软件的安全、具体使用、保管由网络部部长负责，具体保密信息包括发行软件本身的安全使用、所有订户信息资料，并负责将所有订阅单据按类存档，如出现订户信息丢失、外泄并给公司造成严重经济损失的，罚当事人500元，并根据相关法律追究其法律责任。

对于公司财务报表等财务方面的资料，应由财务部负责人保管，如发生丢失、泄露的，罚财务部负责人200元，并给公司造成经济损失的，追究其法律责任。

对于公司内部文件及各类机密性文件、资料综合办公室要设专人负责保管，如发生丢失、损坏等现象，罚综合办公室负责管理文件的人员200元。

在对外交往与合作中，对方以正当理由和途径要求提供公司机密事项时，由公司总经理同意后，方可提供。如不按总经理决定执行，私自给对方提供公司相关事项，罚当事人300元，并在全公司对此行为进行通报批评。

如管理层人员因工作调动或其他原因而长期离开岗位，必须提前把自己岗位上的秘密文件全部移交清楚。移交时，要造册、清点、核对，并且履行签收手续。

在解除或者终止劳动合同后，相关人员两年内不得到与发行业务相关的其他企业任职，且不得将公司保密文件泄露、出卖、赠予其他同行业竞争单位。一旦发现，将追究泄密者的法律责任。竞业限制的范围为包头市所属区、旗、县。

凡违反《竞业禁止协议》者，公司已为其缴纳的各项社会保险，公司及个人部分全部由违反者本人承担。

附件：《保密协议书》

《竞业限制协议》

保密协议书

甲方：包头日报发行有限责任公司

乙方：　　　　　　　　身份证号码：

鉴于甲方行业的特殊性，甲乙双方根据相关法律、法规规定，在遵循平等、自愿、协商一致、诚实信用的原则下，就乙方任职期间及离职后的有关事项达成如下协议：

第一条　保密

乙方承诺，在本协议约定的保密期内，严格按照本协议约定的保密内容履行保密义务。

第二条　保密内容及范围

1. 不为公众知悉，能为甲方带来经济效益，具有实用性的技术信息和经营信息，按部门性质具体分为：

（1）属于办公室的保密内容有：公司机密文件、合同、协议书、意见书、主要会议记录等；公司尚未付诸实施的经营战略、经营方向、经营规划、经营项目及经营决策；公司员工人事档案，工资性、劳务性资料。

（2）属于财务部的保密内容有：公司的预决算报告及各类财务报表、统计报表。

（3）属于网络部的保密内容有：公司发行软件相关资料（订户详细信息、订阅单据）。

2. 甲方以书面或其他形式确定为商业秘密的资料及信息。

第三条　保密期限

除非甲方通过书面形式明确说明本协议所涉及的某项保密内容可以不用保密，否则乙方应从与甲方建立劳动关系之日起（包括试用期在内），无限期保守甲方的商业机密。

第四条　甲方的权利和义务

甲方有权制定有关保密的规章制度并在甲方内部予以公开、公示。

甲方有权要求乙方遵守甲方制定的有关保密的规章制度，有权对乙方违反前述规章制度的泄密行为进行处罚。

甲方有权制止乙方的一切泄密行为，对因保密而行使职权的员工进行保护。

乙方在劳动合同期间内离职或劳动合同期满离职时，如甲方认为有必要，可以对其离开所带物品进行检查，以确保乙方未带走任何资料。

第五条　乙方的权利和义务

乙方应严格遵守甲方有关保密的规章制度，以维护甲方的合法权益。

对乙方因执行本职工作而获取、掌握的甲方任何保密内容，乙方不得利用该保密内容从事任何与工作无关的事情，不得泄露。

乙方不得以任何形式复制属于保密内容的资料和信息。

乙方有义务负责甲方相关保密文件的安全，或当有关保密资料或信息交乙方保管时，乙方应尽力确保其安全。

在甲乙双方终止劳动合同关系时，不论乙方处于何种情况，都应交出其所持有的保密资料（包括资料原件、个人笔记、复印资料等）。

乙方的保密责任不因双方劳动关系的终止或变更而消除。

第六条　泄密

凡未经甲方总经理书面授权而直接或间接以任何形式向任何人、任何组织透露保密内容的行为均属泄密。

当甲方将有关保密内容的资料或信息交由乙方保管时，若因乙方保管不善造成资料遗失、公开、泄露的，同样视为泄密。

第七条　违约责任

如乙方行为造成泄密的，应立即终止泄密行为及因此引起的侵犯甲方利益的行为。如给甲方造成经济损失，乙方要向甲方赔偿违约金 6000 元。

如上述违约金不足赔付甲方经济损失，甲方有权要求乙方补足剩余赔偿金，并追究其法律责任。

若该泄密行为发生在甲、乙双方劳动合同关系存续期间，乙方除承担上述责任外，甲方还有权无条件解除与乙方的劳动合同。

第八条　本协议一式两份，甲乙双方各执一份，每份具有同等效力。

甲 方（盖章）：　　　　　　　　　　乙 方：

年　月　日　　　　　　　　　　　　年　月　日

竞业限制协议

甲方：包头日报发行有限责任公司

乙方：

鉴于甲、乙双方已签订劳动合同和保密协议，甲、乙双方根据《中华人民共和国劳动合同法》等有关法律规定，本着自愿、平等、协商一致的原则，就有关竞业限制事宜，达成如下协议。

第一条　乙方的岗位责任范围

（1）

（2）

（3）

第二条　竞业限制的约定

（1）乙方在甲方工作期间，不得与其他同类同业企业和相关单位发生任何与甲方有竞争关系的业务。

（2）乙方与甲方终止劳动合同关系后，在双方约定的竞业限制期间乙方不得从事与甲方业务相竞争的工作（包括自营或者为他人经营）。

第三条　竞业限制的期限

（1）竞业限制的期限为自乙方离开甲方公司之日起两年内。

（2）甲乙双方竞业限制有争议的，由双方协商解决。

第四条　争议的解决办法

双方在本协议履行期间，应协商解决有关争议事项。如无法达成一致意见，由提出争议的一方向甲方所在地的劳动争议仲裁委员会申请仲裁。

第五条　本协议自双方签字盖章后即生效

第六条　本协议一式两份，甲乙双方各执一份，均具有同等法律效力。

甲 方（盖章）：　　　　　　　　　　乙 方：

年　月　日　　　　　　　　　　　　年　月　日

附录 3–4　各类表格

附录 3–4–1　物品申领单

申领部门	领用日期	物品名称	数量	单位	申领人签字	发货人签字

附录 3–4–2 信息平台 2015 年 月 日回访用户记录表

单位：

回访用户姓名或单位	电话	订阅报纸名称	投递服务情况	投递存在的问题	分公司处理情况	用户意见反馈

注：信息平台对用户反映的问题要及时反馈到分公司，并按用户投诉进行统计，每月 25 日按要求进行汇总并转发各分公司及相关部室，总经理助理。

附录 3–4–3 信息平台业务咨询情况记录

日期	来电时间	咨询人	咨询内容	联系电话	所属区域	通知时间	反馈已处理时间	现场答复时间	是否落办	回复订户时间

附录 3–4–4 信息平台用户投诉情况记录表

日期	投诉人	投诉内容	联系电话	所属区域	通知时间	反馈处理时间	是否落办	回复订户时间

附录 3–4–5 信息平台信息反馈情况登记表

年 月 日

所属区域	投诉总件数	投诉内容	落实件数	未落实件数	通知时间	催办落实时间	落实处理情况
昆区分公司							
青山分公司							
东河分公司							
九原分公司							
开发分公司							
包钢分公司							
合 计							

填表人：

附录 3–4–6　信息平台接听市政府相关部门电话记录

日期	来电时间	来电部门	电话内容	联系电话	通知领导时间	具体领导	落实情况	回复时间

附录 3–4–7　汽车用油表

车牌号		驾驶员姓名		所属分公司		
时间	单价	加油前里程数	再加油时里程数	领取油票张数	总金额	领取人签字

附录 3–4–8 用车登记表

年 月 日

<table>
<tr><td>车号</td><td></td><td>驾驶员姓名</td><td></td></tr>
<tr><td rowspan="2">出车事由</td><td rowspan="2"></td><td>出车时间</td><td></td></tr>
<tr><td>综合办签字</td><td></td></tr>
</table>

附录 3–4–9 车辆维修单

年 月 日

<table>
<tr><td>车 号</td><td></td><td>驾驶员姓名</td><td></td></tr>
<tr><td>请修项目</td><td></td><td></td><td></td></tr>
<tr><td rowspan="2">损坏原因</td><td rowspan="2"></td><td>实际花费金额</td><td></td></tr>
<tr><td>综合办签字</td><td></td></tr>
</table>

后　记

自20世纪80年代报业自办发行初现至今，报业的发展一直是机遇与挑战并存。这期间有成有败，本质上要归因于报业能否紧跟时代步伐，能否将改革始终摆在公司发展战略的位置，能否结合报社自身特点、当地读者的特殊需求走出一条充满特色的发展道路。

实践出真知。经过四年多艰辛的改革历程，包头日报发行公司走出了一条自己的创新探索之路。在所有员工的共同努力下，公司跨过艰难险阻，一路披荆斩棘，在经营管理实践上总结了大量宝贵的经验，企盼与报业同仁分享。体制创新，管理务实，多元化经营，与时俱进，这是在瞬息万变的报业发行市场上生存、成长的制胜法宝。

回首2010年8月，正值包头最为炎热的时期，而组建发行公司的筹备工作也正如火如荼地进行着。发行公司的组建，不仅顺应了国家文化体制改革浪潮，更是包头日报社领导认清报业发行形势后所做出的决定。"天道酬勤！"公司的组织架构和各项管理规章制度很快显示出优势，自办发行工作顺利展开，公司全体员工也因此得到了应有的收获。

但暂时的成功并不能使包头日报发行公司停下探索的脚步，利用在当地独有的发行优势以及遍布各区域的发行网络，公司开展了多元化经营，为公司的经营管理注入了新的活力，发展驶入快车道。

然而，从2012年开始，报纸的发行再一次迎来了严峻的挑战，当年广告收入下降7.5%，2013年下降8.1%，不利形势接踵而至，互联网的发展和宏观经济环境的变化正悄然改变着传播媒体的格局。移动互联网、数字报纸、移动电视等新媒体的强大攻势让报纸发行再次感受到"寒冬"，报业似乎又一次站在了历史的转折点上，报纸发行又该何去何从？

与时俱进始终是包头日报发行公司坚守的品质。公司很快启动了数字化报刊的经营项目，推动报网结合，并利用移动互联网的技术平台，为报纸开通了微信公众号，尝试微营销模式，这一切无不散发着时代的气息。不论结果如何，报业发展的未来如何，我们都应该不断探索，不断超越，不畏前行！

在本书出版之际，感谢全体员工一路风风雨雨同公司一起成长，包头日报发行公司四年多行走与奔跑的足迹里，凝聚着他们太多的努力与汗水，也充满着心酸与欢乐，本书总结的经验更是他们用心血谱写的！

愿包头日报发行公司乘风破浪，永不止步，奋勇前行，与各界同仁一起谱写报业更加美丽的华章！

郝声云

2015 年 5 月